A. DUVAL

AVOCAT

ANCIEN BATONNIER DU BARREAU DE REIMS

Notes d'Audience

❦

EXTRAITS CHOISIS

DES SOUVENIRS ANECDOTIQUES

DE TRENTE ANNÉES DE PALAIS.

❦

1912

LUCIEN MONCE, IMPRIMEUR DE L'ACADÉMIE

71, RUE CHANZY

REIMS

NOTES

D'AUDIENCE

A la mémoire

de nos chers Anciens.

o o o o o

En sympathie

avec mes Confrères.

o o o o o

Pour la joie et l'exemple

des Jeunes.

o o o o o

A. DUVAL

AVOCAT

ANCIEN BATONNIER DU BARREAU DE REIMS

d'Audience

◆—◆—◆—◆ EXTRAITS CHOISIS

DES SOUVENIRS ANECDOTIQUES

DE TRENTE ANNÉES DE PALAIS.

1912

LUCIEN MONCE, IMPRIMEUR DE L'ACADÉMIE

71, RUE CHANZY

REIMS

Il n'a été tiré de cet ouvrage édité par souscription privée que CENT QUINZE Exemplaires numérotés.

INTRODUCTION

Victor Dubron, l'éminent Bâtonnier de Douai, a publié récemment les « Histoires d'un vieil Avocat ».

Henry Bordeaux, le fécond écrivain, s'est souvenu qu'il avait, en ses années de jeunesse, revêtu la toge, et il nous a donné le « Carnet d'un Stagiaire ».

L'un et l'autre ont obtenu la légitime faveur du grand public.

L'avocat rémois — un ancien, lui aussi — qui a voulu, à son tour, réunir sous le titre très simple de **NOTES D'AUDIENCE**, quelques-uns des meilleurs souvenirs de sa carrière, n'ambitionne point pour eux le même honneur, puisque, aussi bien, <u>il ne les offre point à la publicité.</u>

On peut croire qu'en trente années de Palais — et même un peu plus — il a vu défiler au Prétoire un bon nombre de figures de magistrats, d'avocats ou de plaideurs dont quelques-unes se sont détachées avec une originalité toute personnelle.

Il a été le témoin à l'audience, ou... à côté, de ces scènes souvent invraisemblables et pourtant vraies qui eussent fait la joie de Jules Moineaux et de Courteline. Il a bénéficié surtout, au foyer de la Parlotte, de ces entretiens spirituels, toujours relevés de saine et un peu malicieuse finesse, qui donnent tant de charme aux rapports confraternels du Barreau rémois.

En colligeant ces souvenirs de famille dans l'absolue fidélité de leur exactitude, avec le souci très sincère de ne susciter aucune susceptibilité, il a voulu fixer aux yeux des jeunes les traits délicats de quelques-uns de leurs ancêtres ; il a voulu leur montrer, aussi et surtout, avec quelle sereine et naïve gaîté ces anciens au savoir profond aimaient à se reposer et à sourire à la faveur d'un bon mot, d'un trait d'audience, d'une aventure fantaisiste ou de douce ironie.

À l'aimable sollicitation de ses confrères, il se décide à tirer de son manuscrit quelques exemplaires proposés uniquement à ceux qui, par solidarité professionnelle, par attachement au Palais où ils ont vécu tout ou partie de leur carrière, par attrait d'érudition rémoise, ou même, plus simplement, par une curiosité littéraire ou professionnelle à laquelle il croit avoir donné quelque satisfaction, paraissent devoir se mieux intéresser à ces Notes.

A. D.

AVANT-PROPOS

— Vous jurez et promettez de parler sans haine et sans crainte, de dire *toute* la vérité et *rien que* la vérité ? Levez la main droite et dites : « Je le jure ! »

— « Je le jure ! »

— Dites ce que vous savez.

C'est ainsi que le 22 juillet 1911, appelé comme témoin devant le Tribunal de l'Histoire, je promis gravement de révéler tout ce que je sais de la vie judiciaire, et même un peu extra-judiciaire, à laquelle, depuis trente années révolues *aujourd'hui*, je suis intimement mêlé.

Oui, il y a trente ans ; sur le coup de midi, très ému, congestionné, la cravate blanche

quasi solennellement pliée sur le rabat tout
neuf — comme moi, — l'escarpin verni sail-
lant lumineux sous la toge de cachemire
inviolée, la main droite légalement dénudée
de son chevreau nuance paille, et levée avec
une conviction juvénile et naïve vers le grand
Christ qui, depuis, a disparu de nos prétoires,
j'entrais dans la vie professionnelle par un
premier serment.

Et je me retrouve en ce même Palais qui
connut les débuts modestes de ma peu bruyante
carrière ; d'un pas peut-être moins alerte que
jadis, je gravis les *dix* marches de son portique
soi-disant corinthien, enviant, je l'avoue,
l'agilité gracieuse de mes jeunes confrères qui
en font, par trois ou quatre marches à la fois,
la légère escalade, sans s'être donné la peine,
j'en suis sûr, de *les compter*. Je traverse
rapidement et en frissonnant l'immense et
glacial quadrilatère de ses pas-perdus ; puis,
presque au fond, à droite, je pénètre en ce
sanctuaire sans luxe et inconfortable que nous

nous obstinons à décorer du nom éminemment pompeux de Bibliothèque du Barreau, auquel je préfère de beaucoup l'appellation plus expressive en sa familiarité de *Parlotte* des Avocats.

C'est bien là que se sont élaborés, du moins pour la plupart, par une sorte d'instillation lente qui les a profondément gravés en ma mémoire, les souvenirs auxquels je fais appel en ce moment pour les fixer dans ma *déposition*. Et s'il est vrai que quelque chose de notre âme et de notre vie s'attache aux lieux où s'est écoulée notre existence, il est grand temps de recueillir, pour les buriner en mes tablettes, ces échos des joies, des émotions, des sympathies professionnelles dont fut témoin ce foyer familial où revivent pour mes yeux, pour ma mémoire et pour mes regrets, nos belles figures d'ancêtres, avant que la pioche brutale, administrative et banale fasse tomber ces murailles où les anciens laissèrent mélancoliquement quelque chose de leur passé, de leur confraternité, d'eux-mêmes.

J'ai juré de dire *toute* la vérité ; c'est beaucoup.

D'abord ce serait bien long. Et puis il y a, dans ce recueil volumineux de souvenirs du Palais, des éléments qu'il ne me convient pas de livrer au jour, si restreint soit-il, d'une divulgation même discrètement réservée à la famille judiciaire.

On n'est point, pendant trente ans, l'hôte assidu de la Justice humaine sans y avoir constaté quelques défaillances, sans avoir vu se consommer de ces déchéances lamentables où sombrent des existences honorées, sans avoir assisté, impuissant et navré, à l'évolution de ces drames le plus souvent ignorés où s'effondrent des victimes innocentes aux prises avec les passions de la cupidité et de l'ambition.

Sur tout cela je veux garder le silence.

Je n'ai point qualité ni désir d'écrire une mercuriale qui, d'ailleurs, — je m'empresse de le dire, avec un certain orgueil de ma petite patrie, — ne trouverait point, dans la période trentenaire à laquelle je suis associé, un élément bien substantiel de scandale.

Mais alors, si je ne dis pas *toute* la vérité, et mon serment ?

J'ai trouvé le joint. Tout à l'heure, par une distraction qui serait inexcusable chez un vieux praticien si je n'avais été en proie à une émotion bien naturelle, sous le coup de laquelle mes trente années n'ont fait qu'un tour en mon esprit, j'ai oublié, pour fournir mon serment, de déganter ma main droite.

Mon serment est donc quelque peu nul. S'il est nul, je ne suis plus tenu de dire *toute* la vérité. C'est entendu, je n'en dirai qu'une partie.

Mais tout au moins, cette partie sera encore de la vérité, de la vérité vraie, vécue, absolument authentique, tout autant que si elle avait été recueillie par ces instruments merveilleux qu'on appelle le phonographe et le cinématographe qui, d'ailleurs, en une expérience récente, peut-être critiquable, ont pris place en l'arsenal rémois des procédés de l'Instruction criminelle.

Et puisque la vie judiciaire, comme toute existence humaine, se compose d'un tissu de drame et de comédie, nous laisserons de côté ses aspects attristants pour n'en recueillir que les souvenirs plus réconfortants, plus propres à réveiller notre bonne humeur, à nous reposer un peu dans la saine joie des naïvetés ancestrales, qui n'étaient pas sans quelque spirituelle et malicieuse ironie, des préoccupations trop exclusives de la profession.

Allons, les jeunes, c'est surtout pour vous et d'ailleurs à votre prière que je collige ces éléments de la vie passée de vos anciens. Quand ils étaient à la barre — à cheval, si j'ose m'exprimer ainsi, — ils étaient, je vous prie de le croire, et il m'en cuit encore, de rudes et sérieux joûteurs ; mais une fois rentrés à la parlotte, leurs fronts se déridaient à la lueur d'un bon mot, à la faveur d'une plaisanterie qui, parfois, n'était pas *ad usum puellarum*, mais qui était cependant toujours saine, franche et de bon aloi. Il fallait si peu de chose, en ce temps-là, pour provoquer chez ces hommes graves, mais pleins de finesse et d'esprit délicat, ces explosions aimables de gaieté, qu'entretenait au surplus un courant remarquable d'affectueuse confraternité !

Je dirai la vérité. Encore y a-t-il quelque précaution à prendre pour le faire. Vous ne trouverez pas mauvais que je reprenne mes gants pour reproduire certains portraits et faire revivre certaines scènes.

Le monde du Palais, Magistrats ou Barreau, ne peut pas, vous le concevrez, ne pas avoir fourni, en ces trente années, quelques silhouettes un peu plus originales — dans le meilleur sens du mot — que les autres. Je serais désolé sincèrement d'encourir le reproche d'avoir froissé qui que ce soit par un trait de caractère que j'aurais trop accentué, par une expression dans laquelle on aurait tort de voir de ma part une critique malveillante qui ne sera point dans ma pensée. Tout à l'avance je m'en excuse. Aussi bien je démarquerai un certain nombre de noms propres de façon que les lecteurs ne retiennent que l'épisode ou le portrait sans pouvoir y adapter une personnalité déterminée.

Cette galerie et cette collection seront certainement incomplètes. Sans me donner de coup d'encensoir, je sens moi-même que j'y pourrais figurer avec quelque avantage. J'ai bien dû semer à travers ma carrière quelques boutades, quelques coups de boutoirs que mes bons confrères m'ont charitablement pardonnés. Je ne peux pourtant pas me résoudre, et on ne peut pas raisonnablement me demander de les signaler moi-même à l'admiration de la postérité,... du moins tous. On ne me refusera pas cependant l'insertion de quelques souvenirs personnels plus facilement présentables et intéressants.

J'espère qu'il se trouvera — je le connais déjà — quelque malicieux confrère pour réunir, sans attendre l'expiration d'un stade de trente années nouvelles, les éléments d'un recueil destiné à donner une suite à celui par lequel j'ai voulu ouvrir et affirmer une tradition. A en juger par ses débuts pleins d'esprit mordant et vif, je ne doute pas qu'il fournisse à lui seul la matière ample d'un second volume auquel je souhaite à l'avance le succès mérité.

22 juillet 1911.

A. D.

LA GRANDE JEANNE

Les faveurs, alors très libérales pour moi, de la « Commission d'office », m'avaient confié la défense en Cour d'Assises d'une fille Jeanne X..., 24 ans, surnommée « la Grande Jeanne »; elle était, après plusieurs condamnations antérieures, inculpée de nouveau d'une série de vols « qualifiés » réalisés d'ailleurs avec une indéniable habileté.

Quelques jours avant l'audience, elle avait reçu, comme le veut la loi, la visite à la maison d'arrêt et subi un dernier interrogatoire de M. le Président du Tribunal. Celui-ci avait appris du gardien-chef que la grande Jeanne avait eu, au cours de sa détention préventive, de fréquentes et violentes crises nerveuses, permettant de la considérer comme hystérique. Par un scrupule de loyauté tout à son honneur, le Président voulut bien m'avertir de cette situation assez particulière dont, par

une omission assurément regrettable, les renseignements du dossier d'instruction ne disaient
pas un mot, et qui pouvait cependant avoir sur
la portée de la responsabilité de cette fille une
influence méritant à tout le moins l'examen.

Je ne fus pas plus ému que de raison de
cette révélation. J'avais, alors déjà, conquis
au regard de la résistance des magistrats et des
jurés à accueillir les causes d'irresponsabilité,
un suffisant scepticisme pour ne pas songer
un instant à obtenir ni même à demander, de
ce chef, un verdict d'acquittement. Tout au
moins ma conscience m'imposait-elle le devoir
de rechercher si l'affection dont ma cliente
était atteinte ne devait pas être proposée au
Jury comme un motif sérieux de large atténua-
tion. Avant tout, je voulus me faire à cet égard
une conviction personnelle et technique, et je
m'en allai trouver, pour lui exposer mon cas,
l'excellent praticien, M. le docteur D... médecin-
légiste très estimé du Parquet, dont l'honnêteté
scrupuleuse et la valeur professionnelle étaient
incontestées à Reims, dont la popularité était
universelle, et qui avait en outre à mes yeux
cette double qualité d'être depuis trente ans le
médecin de ma famille et pour moi-même un
ami profondément dévoué et fidèle.

Je ne lui demandai point de m'affirmer que
l'hystérie était une excuse complète et absolu-
toire ; mais il fut entièrement d'accord avec moi
qu'elle était le plus souvent une cause de
diminution de la volonté et que je ne pouvais,
dans un débat criminel, en négliger l'argument.

Il voulut bien me confier quelques ouvrages
de médecine légale sur la matière ; il alla
même plus loin ; il me promit de se tenir le
lendemain à ma disposition et de suspendre, à
mon premier appel et si cela me paraissait
nécessaire, ses consultations de l'après-midi,
pour venir en personne exposer scientifique-
ment ses appréciations au Jury.

Ainsi muni de mon artillerie, je montai donc
le lendemain, avec quelque confiance, au banc
de quart de la défense.

Mais, mes enfants, quelle audience mouve-
mentée et surtout incidentée !

Tout d'abord les choses se passèrent assez
bien.

Ma cliente, très calme, très sensée, répondait
à l'interrogatoire avec précision, avec facilité,
et surtout avec une astuce et une habileté
remarquables dont je fus moi-même extrê-

mement surpris, et même un peu décontenancé. Dame ! je m'étais attendu à des réponses incohérentes, à des attitudes extravagantes vraies ou simulées qui m'auraient préparé les voies à l'argument de demi-discernement et de quasi-démence résultant de l'hystérie. Pas du tout, une fille bien sage, très franche, discutant cependant pied à pied sans s'égarer, d'une attitude presque digne ; ni grimaces, ni agitation, ni contorsions d'aucune sorte. Je commençais à y perdre mon latin.

J'eus, quelques jours plus tard, de cette énigme imprévue, une double et significative explication. La Justice est une personne qui de son côté ne manque pas de prévoyance. On s'était dit que la fille X... pourrait bien avoir, au cours de la longue journée d'audience qui l'attendait, quelque crise impressionnante de nature à lui attirer un peu de pitié ; on l'avait tout simplement bourrée de bromure et de calmants dont la dose devait au moins la maintenir pendant le temps de sa comparution.

Or, d'autre part, m'affirma le bon docteur D..., en dehors de leurs crises souvent affreuses, il n'est pas rare que les hystériques, surtout aux heures de calme, manifestent une sorte de

superexcitation de l'esprit qui les fait appa-
raître comme fort intelligents et surtout très
habiles en leurs propos comme en leurs actes.

Aussi peut-on juger de l'accueil un peu
stupéfié qui fut fait à mes conclusions tendant
à l'examen médical et mental de la fille X...
J'eus beau affirmer qu'elle était atteinte de
l'hystérie, dont les crises avaient nécessité à
plusieurs reprises l'intervention d'hommes de
l'art ; le Président, d'un air sceptique, me
déclara qu'après un interrogatoire aussi posé,
aussi limpide et aussi complet que celui que
venait de subir sans défaillance l'accusée,
mes conclusions ne pouvaient être qu'une
manœuvre d'ailleurs inutile. Mes conclusions
furent rejetées en trois secondes et sans un pli.

Je ne me tins pas pour battu. En présence
du doute presque injurieux opposé à mes affirmations, j'insistai et demandai la comparution
à la barre des témoins, du gardien-chef de la
maison d'arrêt, et de l'honorable médecin
légiste, le docteur D...

Ce fut le bouquet, ou plutôt le premier bouquet, car l'affaire nous en réservait d'autres.

..Le Président appartenait à cette race de

magistrats, — peut-être un peu plus rares aujourd'hui — tenaces, hautains et ironiques, qui aimaient... trop à faire sentir au Barreau leur autorité, et n'admettaient pas l'apparence même d'une critique de leur direction.

Celui-ci me fit comprendre que je dépassais la mesure, que mes procédés n'avaient d'autre but et n'auraient d'autre résultat que de prolonger une audience déjà assez longue en elle-même et de fatiguer l'attention de MM. les Jurés.

Je n'étais plus un débutant; — mais j'étais cependant d'une vivacité assez susceptible que l'âge n'a peut-être pas entièrement éteinte. La mercuriale aigre-douce de l'aimable Président, en me mettant devant l'auditoire et devant le Jury lui-même en posture assez fausse, m'avait égratigné l'épiderme encore sensible. La riposte ne se fit pas attendre de ma part.

« Mon Dieu, M. le Président, il va vous être possible de rendre à MM. les Jurés, sans plus tarder, leur liberté. En présence de l'insuccès répété de mes réquisitions pour obtenir, dans l'intérêt de la vérité, des mesures, des renseignements et des lumières qui me paraissent indispensables, je me déclare insuffisant à la défense de la fille X...; je l'abandonne volontiers au profit de celui de mes confrères dont la parole trouvera plus de crédit auprès de la Cour... »

Sur ce petit et pompeux discours, je ramassai mes papiers, enfonçai d'un poing brutal ma toque sur mon front irrité, quittai le banc des Avocats, et me dirigeai d'un pas très digne vers la porte de sortie, satisfait sans doute de ma démonstration, mais aussi et au fond très ennuyé.

Les magistrats, même en apparence les plus détachés de l'appréciation de l'opinion, n'en sont en réalité jamais complètement indépendants.

Un murmure plutôt défavorable avait manifesté le sentiment de l'assemblée au refus obstiné et dédaigneux du Président de consentir aux comparutions par moi demandées. Peut-être s'était-il lui-même rendu compte du parti que la défense pouvait en définitive en tirer. Enfin, il entrevoyait les ennuis d'un renvoi de l'affaire à une autre session.

Ce qui est certain, c'est qu'il fit immédiatement machine en arrière :

« Voyons, Maître, je vous en prie, il n'y a

pas lieu de prendre ainsi les choses au tragique. La Cour ne croit pas fort utiles les témoignages que vous avez requis; mais dès lors que
vous y insistez, il va vous être donné satisfaction. L'audience est suspendue pendant une
demi-heure. »

Le gardien-chef était à portée de la main,
puisque la maison de détention voisinait encore
avec le Palais. Quant au docteur D..., dont le
cabinet était peu éloigné et qui s'attendait à la
convocation, il était également prévenu par un
planton. Le temps de suspension n'était pas
écoulé que l'un et l'autre étaient à la disposition
de la Cour, ou plus exactement à la mienne.

Naturellement, le gardien-chef vint confir-
mer avec détails mes allégations. La fille X...
avait eu au cours de sa détention des accès
hystériques violents pour lesquels on avait dû
requérir les soins du médecin de service.

Quant au bon docteur, en termes précis, avec
une parfaite lucidité, de sa petite voix chantante, claire et sympathique, demeurant dans
la thèse générale, sans en affirmer l'application
à l'espèce actuelle, il démontra que l'hystérie
pouvait, le plus souvent sinon toujours, exer-

cer sur les déterminations de la volonté une influence de nature à en limiter les responsabilités.

Sur quoi l'instruction et les débats se continuèrent avec monotonie jusqu'au verdict inclusivement. Les bons jurés tinrent-ils compte de l'état pathologique, cette fois indéniable, de la grande Jeanne? Toujours est-il qu'ils écartèrent les circonstances aggravantes, ne laissant plus à juger par la Cour qu'une série de délits *simples* et non qualifiés; — ils allèrent même au delà de leur rôle, en concédant les circonstances atténuantes dont l'appréciation, étant posée leur première réponse, ne leur appartenait plus.

Après les petites formalités et les dernières questions d'usage, le Président consulta rapidement ses assesseurs et se mit en devoir de prononcer la sentence.

C'est ici que le dieu malin, se mettant de la partie, l'attendait.

Il n'est pas inutile de noter que les incidents de cette audience déjà féconde nous avaient conduits à une heure avancée, environ sept heures du soir ; que la salle, non encore pourvue du bienfait lumineux de l'incandescence du bec Auer, était plongée dans une presque complète et lugubre obscurité ; et que surtout, la vue du Président était assurément moins perçante et moins aiguë que son esprit : il était affligé en effet de la plus désolante myopie.

Le nez littéralement en contact avec le Code dont il débitait les articles, l'honorable magistrat marmonnait son arrêt se concluant par une condamnation de la fille Jeanne X... à dix-huit mois ou deux ans de prison.

Puis, la tête victorieusement relevée, le lorgnon se balançant en la main droite, le Président commençait l'avertissement final prescrit par la loi : « Fille Jeanne X..., vous avez trois jours « francs pour vous pourvoir..... »

J'interrompis d'une voix retentissante la sacramentelle formule :

« M. le Président, je demande la parole. »

Vous n'imaginez pas l'effet quasi-comique de cette brusque déclaration. J'entends encore le Président, d'un ton autoritaire, irrité et à la fois ahuri, les bras levés en un geste de surprise et de fatigue :

« Mais enfin, Maître, qu'est-ce que vous nous voulez encore ?

— M. le Président, je veux poser des conclusions.

— Des conclusions ? Mais vous n'y pensez
pas, l'affaire est bien et dûment terminée. —
Vous n'allez pas nous engager, à pareille heure,
dans de nouvelles et vaines difficultés. »

Le pauvre Président ! il ne savait guère ce
qui l'attendait ; en tous cas, il lui fallut bien
écouter la lecture du petit document que voici :

« Il plaira à la Cour, donner acte à la défense
« de ce que l'arrêt qui vient d'être rendu,
« condamnant la fille Jeanne X..., a été pro-
« noncé *en l'absence* de cette dernière qui
« d'ailleurs n'eût pas été en état de l'entendre.»

Une vraie bombe tombant au pied de la
Cour !

« Que dites-vous ? clama le Président, l'accusée absente ! où donc est-elle ? »

Je pris — l'avouerai-je — un air quelque peu
goguenard et répondis :

« M. le Président, elle est *sortie*.

— Comment, elle est sortie ? Que signifie?...»

A ce moment, me prêtant secourablement
main-forte, le bon gendarme intervint :

« En effet, — expliqua-t-il, — au moment où
commençait la lecture de l'arrêt, la fille X...
s'est trouvée mal, elle est tombée en syncope.

Alors, mon collègue et moi nous l'avons emportée au dehors *sans bruit* pour ne pas interrompre M. le Président... »

Les yeux des assistants, habitués aux demi-ténèbres de la salle et sans doute plus vifs que ceux du Président, avaient vu la manœuvre qui avait échappé à l'intense myopie de celui-ci ; — l'auditoire commençait à prendre en plaisantant ce nouvel incident où, je le confesse encore, je savourais un petit goût assez agréable de vengeance personnelle.

« C'est bien, dit le Président, d'une voix tout à fait cassante. Puisqu'il en est ainsi, la Cour annule l'arrêt qui vient d'être prononcé. Elle en rendra un autre quand l'accusée aura pu reprendre place à l'audience.

— Ah! pardon, M. le Président, l'arrêt prononcé publiquement est acquis. Il n'appartient qu'à une seule autorité judiciaire d'en décider l'annulation. Cette autorité est celle de la Cour de Cassation.

— La Cour va en délibérer. »

La Cour délibéra en effet, et, avec une entière et peu juridique désinvolture, elle déclara nul l'arrêt par elle rendu, annonçant qu'elle en prononcerait un autre en présence de la fille X...

Une nouvelle demi-heure s’écoula avant que la Cour, avertie du meilleur état de l’accusée, reprît séance.

« Fille X..., interrogea le Président, vous m’entendez bien ? »

La fille X..., l’œil encore hagard et la tête ballante, émit un grognement que le magistrat voulut bien prendre pour une réponse affirmative. Cette fois, avec une volubilité comique et comme s’il craignait une nouvelle catastrophe, le Président se hâta d’entreprendre l’émission de sa deuxième sentence.

Si telle était sa crainte, elle était justifiée.

Il avait à peine établi quelques considérants qu’un tapage effroyable éclatait derrière moi, dans la salle ténébreuse.

Le bromure matinal avait, sans doute, suffisamment rempli sa mission et épuisé ses calmants effets. La grande Jeanne en avait assez de cette longue contention, et elle s’offrait le luxe en même temps qu’elle offrait au public le spectacle d’une crise hystérique soudaine, violente, véritablement hideuse. Les yeux sortant de leurs orbites, la bouche crispée, écumante, poussant des cris inarticulés et de véritables hurlements, les membres tordus et furieusement projetés en d’affreuses convulsions, tel était l'état de cette malheureuse dont la solide poigne de trois gendarmes avait peine à contenir les bonds et les soubresauts désordonnés.

Un médecin d'Epernay, le docteur P..., se trouvait par hasard dans la salle, attendant, je crois, la sortie tardive d'un de ses amis retenu au Jury. Avec empressement, intelligence et dévouement il offrit et prodigua ses soins à la pauvre fille X..., qui évidemment était sans connaissance, et hors d'état d'entendre la décision de la Justice.

L'homme de l'art vint d'ailleurs déclarer qu'elle avait besoin du repos de la nuit pour reconquérir ses sens et son équilibre.

Il fallut bien rentrer dans son étui l'arrêt n° 2 et en remettre au lendemain une troisième édition. L'audience fut levée à 9 h. 1/2 du soir sans avoir pu mettre le point final à cette pénible et laborieuse affaire, au dénouement de laquelle j'eus le regret de ne pouvoir assister, appelé au dehors par des engagements professionnels antérieurs.

Je pense que ce lendemain, au coup de midi et demi, au grand jour, en pleine lumière, affranchi par mon absence de la crainte de nouvelles complications, en pré-

sence de « la Grande Jeanne » à nouveau sagement rebromurée et reposée, le Président des
Assises a dû rendre sous le n° 3 un arrêt soigneusement préparé et inaccessible.

J'ai à peine besoin de dire que je n'ai pas
eu un instant le désir et n'ai pas donné le
conseil à ma cliente de se pourvoir en cassation contre l'arrêt n° 1, si « légalement acquis »
qu'il eût été avec son indéniable vice de forme.

On ne sait jamais ce qui peut advenir d'un
pourvoi. La condamnation était, en somme,
modérée et la grande Jeanne aurait pu se trouver, d'un arrêt rendu par une Cour de renvoi,
beaucoup plus mal que de sa syncope.

Cette affaire, qui constitue un de mes meilleurs souvenirs d'Assises, eut pour moi un épilogue assez curieux dont je ne tire pas plus de
vanité qu'il ne convient.

Peu de jours après cette audience si remplie
d'émotions, je recevais la visite du docteur
P... qui, m'ayant trouvé suffisamment comba-
tif, — voulut-il bien me dire, — me chargeait
de la défense pour son compte d'intérêts personnels en litige devant les tribunaux civils.

Si je signale ce docteur P..., c'est qu'il a fait

depuis lors une belle carrière politique. Il est devenu membre assez en vue de nos assemblées législatives, a pris une part influente dans les débats très irritants et très délicats qui ont eu en Champagne de terribles répercussions.

Je l'ai perdu de vue; il m'a certainement oublié. Il est devenu ministrable, tandis que je suis simplement et vieillement demeuré à mon banc d'audience. Si, quelque jour, le bon destin veut bien me remettre en sa présence, je lui rappellerai cet incident du début de sa carrière ; cela ne pourra que le flatter ; — j'en profiterai pour lui demander de *me faire décorer*.

RIEN AU DOSSIER

« Affaire Loiseau contre Labiche.

— A huitaine, s'il plaît au Tribunal.

— Pourquoi à huitaine, maître Lantiome?

— Monsieur le Président, je n'ai pas mon dossier.

— Vous n'avez pas votre dossier? Vous pourriez peut-être aller le chercher.

— Oh! c'est inutile, *il n'y a rien dedans.* »

Pour qui connaissait notre joyeux confrère, cet « il n'y a rien dedans » était d'une très lucide signification.

Nul mieux que lui ne s'entendait à « garnir » le dossier dès son arrivée, de la première pièce indispensable.

En quoi il n'avait vraiment pas tort.

Il plaidait avec esprit et habileté ; sous sa forme joviale, son intervention était toujours utile, car il avait, avec une érudition certaine, une très grande facilité d'assimilation et un très réel à-propos à « saisir le joint ».

Mais encore qu'il sût être à l'occasion généreux et désintéressé, il ne plaidait pas « pour rien », — ce qui était alors trop fréquent; — ce qui l'est, heureusement sans doute, beaucoup moins aujourd'hui.

CENDRES ET POUSSIÈRE

Ceci est une histoire un peu macabre récemment revivifiée en ma mémoire tout à la fois par un léger souvenir d'audience et par le récit publié, ces jours derniers, en tous les journaux, de cercueils « garnis » lamentablement égarés sur l'inénarrable Ouest-Etat.

« Si vous avez la petite curiosité de vous
« lever dès le petit matin et de vous promener
« à petits pas dans la petite rue de....... vous
« ne tarderez pas à voir sortir d'une petite
« maison une petite voiture attelée d'un petit
« cheval ; — dans cette petite voiture, à l'abri
« d'une petite capote, un petit monsieur et
« une petite dame, deux petites vieilles per-
« sonnes tout ratatinées, aux petits yeux en
« vrille, au petit nez surmonté de petites
« bésicles, s'en allant pendant deux petites
« heures faire leur petite promenade. Ces deux
« petits personnages, ce sont M. et Mme G...

« contre lesquels j'ai l'honneur de vous pré-
« senter une petite plaidoirie dans un tout
« petit procès. »

Tel était, sur un *petit* ton ironique, l'exorde
textuel de notre spirituel confrère, Mᵉ Leseur,
dans une affaire d'ailleurs en soi absolument
banale de contestation de mitoyenneté d'un
petit bout de mur de rien du tout.

Or ce M. G... quoique tout petit, vieillot et
ridé « comme une pomme desséchée oubliée
sur la paille », — dit quelque part Edouard
Rod, — n'en était pas moins, dans une grande
ville de l'Est, le pontife très ardent autant que
peu écouté — de la Libre-Pensée.

Loin de moi le dessein de lui en adresser une
critique tardivement posthume. Si ses opinions
étaient sincères, elles avaient droit au respect ;... si elles ne l'étaient pas, il n'était qu'un
hypocrite de plus. — Paix à ses cendres.

Je ne crois cependant pas troubler le repos
auquel elles ont droit en narrant l'aventure
extraordinaire et post-mortelle que leur valut
la fidélité de feu M. G... à ses convictions philosophiques.

... Il professait un culte particulier pour l'incinération. Il en était parfaitement libre et il en avait le moyen. La vieillesse ayant donné des loisirs à la profession d'architecte qu'il avait jadis vaguement exercée, il s'était complu à dresser en coupe, plan et élévation, avec devis descriptif et détaillé, le projet d'un superbe four crématoire que sa ville natale voudrait bien, pour honorer sa mémoire, faire ériger après sa mort, en l'un de ses cimetières, à une place d'honneur, et qu'il offrait généreusement à l'attrait de ses concitoyens.

Il mourut très peu de temps après son procès de mur mitoyen. On trouva, en effet, dans ses papiers le fameux projet et, dans son testament, un legs important pour en assurer l'exécution.

C'est ici que l'histoire prend une tournure comico-funèbre. Je dois à la loyauté de ma conscience de dire que je n'en ai pas, que je ne pouvais d'ailleurs en vérifier par moi-même l'exactitude. Ce que j'affirme, c'est que, sans indication, il est vrai, de noms propres ni de localités précises, le fait fut rapporté par nombre de journaux de l'époque.

On vit donc, un matin, arriver en gare de l'Est à Paris un wagon plombé renfermant un

cercueil qu'accompagnait, avec la gravité de
circonstance, un voyageur assez cossu et bien
portant, ayant à la main une ample valise —
n'oublions pas la valise.

Avec la conscience et l'empressement d'un
exécuteur testamentaire ayant hâte de se libérer
d'une mission délicate, intime et peu folichonne,
le voyageur, toutes formalités remplies, ayant
toujours à la main sa valise, faisait transporter
les restes du défunt au columbarium du Père
Lachaise, s'assurait d'un œil vigilant, par
l'orifice de mica, de leur complète combustion ;
en recevait respectueusement la cendre refroidie
en un élégant coffret orné sur l'une de ses
faces d'un sablier symbolique, sur l'autre de
tibias entrecroisés ; plaçait attentivement dans
sa valise l'urne où se condensait son ami. Tout
cela avait pris quelques heures ; midi avait
depuis longtemps été répété par la dernière des
horloges en retard. L'air vif et la satisfaction
du pieux devoir accompli avaient sérieusement
ouvert l'appétit du mandataire fidèle.

A une heure moins cinq, il confiait à la
consigne de la gare de l'Est sa précieuse valise
alourdie du funèbre dépôt, en retirait soigneusement un récépissé, puis il s'en allait tranquillement et copieusement déjeuner pour

courir de là à de nouveaux devoirs ou à d'autres plaisirs.

Le soir, fourbu, harassé de fatigue, à demi endormi, talonné pourtant par la crainte de manquer son train qui allait partir dans deux minutes, il présentait distraitement son coupon de consigne à la gare de l'Est, s'emparait de la valise présentée, s'engouffrait dans son wagon et s'endormait à poings fermés. Après une heure de bon sommeil il s'éveillait, et se souvenant qu'il avait emporté le matin un magazine illustré un peu... gai, que le sentiment de sa triste mission ne lui avait pas permis de feuilleter, il descendait du filet sa valise, la débouclait et.....

Horreur et stupéfaction ! La valise n'était point *sa* valise. Sans doute extérieurement, elle avait bien le même vêtement de cuir fauve, des courroies semblables... mais enfin c'était une *autre* valise. On y trouvait des gilets de flanelle, du papier à lettre, des tablettes de chocolat. Pas l'ombre, pas trace d'une urne funéraire quelconque.

Les recherches entreprises sur sa réclamation discrète — car on s'abstint de faire quelque bruit sur cette macabre aventure — demeurèrent, comme les balles des duels les plus sérieux, sans résultat.

Toutes les suppositions, même les plus irrévérencieuses, sont ouvertes. J'imagine que le monsieur ou la dame qui aura trouvé, à côté de la littérature légère du magazine, une boîte contenant un peu de poussière, en aura de son côté éprouvé quelque surprise, qu'il ou elle aura lu ou jeté le magazine, selon son état d'esprit; et, probablement sans intention offensante, vidé le coffret de sa pincée de cendre grisâtre et anonyme, pour lui confier des bijoux de deuil, comme l'indiquaient les attributs austères de ses ornements.

Ce qui est absolument vrai, c'est que jamais en la grande ville de l'Est, nul n'entendit parler des cendres du petit vieil homme.

La Municipalité, respectueuse de ses volontés dernières, fit ériger en l'un de ses vastes cimetières le monument somptueux et lourd<dont il avait laissé les plans et dont à peu près jamais personne n'a demandé l'emploi. Il était tout indiqué d'y réserver aux restes du donateur une place d'honneur, d'y installer son urne avec

pompe et discours. Je ne sache pas qu'il en ait jamais rien été fait, et je crois qu'on peut défier qui que ce soit de dire ce qui est advenu de la dépouille de M. G...

Quant au procès du mur mitoyen, j'ai omis de vous dire quel en avait été le dénouement. Ma foi! je n'en sais plus rien moi-même. Il a dû, comme toute contestation judiciaire, se clore sur un bon *petit* jugement. Je crois que cela n'a plus pour personne le plus *petit* intérêt.

UNE VEUVE DANGEREUSE

En ce temps-là, un magistrat de joyeuse humeur vivifiait les audiences de la Justice de Paix du deuxième canton de Reims de ses jeux d'esprit les plus drôles.

A la suite d'un incendie ayant éclaté en une maison occupée par plusieurs locataires, avait été introduite à sa barre une instance ayant pour objet l'application de l'article 1734 du Code civil; il y avait donc lieu de rechercher en quel endroit précis et chez quel locataire le sinistre avait pu prendre naissance.

Le Juge avait sagement convoqué les locataires pour recueillir leurs observations.

Je vois encore s'avancer une jeune femme modeste, mais cependant d'un minois assez éveillé et pas trop déplaisant; elle portait un long vêtement de deuil très seyant. Elle occupait elle-même l'un des appartements de l'immeuble en partie sinistré.

Après les questions d'usage sur son âge et son identité, le facétieux magistrat lui demanda :

— Êtes-vous bien sûre, Madame, que ce n'est pas vous-même qui, évidemment sans le vouloir et par simple imprudence, auriez provoqué chez vous l'accident ?

La dame ne saisissait point encore très bien où son interrogateur en voulait venir. Cependant elle comprenait assez que celui-ci semblait la soupçonner d'avoir, si involontairement qu'il voulût, mis le feu à la maison ; elle protestait en rougissant, expliquait pour quelles raisons péremptoires le sinistre n'avait pu éclater chez elle.

Mais l'ironiste n'accueillait ses dires que d'un sourire un peu sceptique :

« Voyons, Madame, ne protestez pas trop, accentua-t-il d'un ton légèrement égrillard. Vous êtes jeune, vous êtes veuve... Eh ! eh ! ce ne serait pas la première fois qu'on aurait vu une jeune veuve allumer un incendie... »

La dame baissa rapidement son épaisse voilette et n'ajouta rien à sa déclaration.

Elle fut d'ailleurs indemne de toute responsabilité. Elle l'avait bien mérité.

L'ANARCHISTE

On était aux premiers jours de mai, au lendemain des vacances pascales qui semblent fermer la période véritablement laborieuse de l'année judiciaire, et passé lesquelles, subissant sans doute les influences printanières, on se relâche un peu des coutumières activités. Le rôle, depuis quelques semaines, était modérément chargé et M. le Président s'était particulièrement plaint de la *viduité (sic)* des audiences.

Ce jour-là, vers trois heures, les toges, les rabats et les toques étaient rentrés au vestiaire ; et tandis que, la serviette allégée sous le bras, nous regagnions, d'un pas peu pressé et en devisant joyeusement, nos études et nos cabinets, M. le Président faisait seller sa jument *Favorite ;* et, cavalier consommé, s'en allait chevaucher une couple d'heures vers les hauteurs de Montchenot.

Il rentrait en ville, l'esprit allègrement reposé par cette charmante promenade, le regard perdu dans un rêve séduisant et dans une songerie pleine de promesses, qui l'empêchèrent vraisemblablement de voir une pauvre vieille traversant imprudemment la chaussée en poussant devant elle une petite charrette de légumes.

Le contact entre *Favorite* et la bonne femme fut plutôt rude. Rien de grave cependant : une émotion un peu vive, une courte syncope, de légères contusions imposant quelques jours de repos à la modeste fruitière.

Il ne pouvait en tout cela être le moins du monde question de responsabilité. Mais un sentiment d'humanité suffisait à dicter sa conduite à l'honorable Président. Descendant prestement de son siège, je veux dire de sa selle, il sut faire son devoir, plus même que le simple devoir. Il se montra généreux, compatissant, charitable, demanda qu'on le tînt au courant de l'état de la bonne vieille, et laissa à cet effet son adresse, sans d'ailleurs révéler sa haute qualité de *premier Magistrat du dépar-*

ement, comme il aimait à la relever lui-même en maintes circonstances.

Sur quoi, il rentra à son hôtel le cœur rasséréné par sa bonne action, et l'appétit sérieusement aiguisé.

** **

A peine ce drame rapide et heureusement peu sanglant venait-il de s'accomplir, à peine M. le Président avait-il franchi la grille monumentale et historique de la Porte de Paris, qu'une scène toute familiale, conséquence de la première, se déroulait en l'humble et pauvre logis de la fruitière, sur l'avenue d'Epernay.

Du pas lourd et irrégulier du prolétaire désœuvré et mécontent de son sort, le regard irrité et chargé de haine sociale, Ledur, le mari de la victime, regagnait son inconfortable taudis. A la vue de sa femme alitée, dolente et geignante, et au récit considérablement amplifié des commères du voisinage, il sut qu'un bourgeois sans pitié, un de ces capitalistes qui écrasent dédaigneusement *le pauvre monde,* avait failli le conduire inopinément au veuvage.

Ledur était un bon mari dont la femme entretenait docilement l'oisiveté quasi-habituelle. Mais surtout il avait des opinions qui à cette époque faisaient de lui un précurseur : il était, tout au moins il se disait *anarchiste*.

Il saurait, lui, le citoyen libre et conscient et « qui en vaut un autre », dire son fait en face à ce bourgeois « ventru » (il se trompait un peu) et sanguinaire dont il recueillait avec soin l'adresse ; et puisque c'était un bourgeois qui avait voulu tuer sa pauvre vieille, il se chargeait à lui seul d'en descendre un... de bourgeois ; « et ça ne traînerait pas. »

Sans désemparer, en bourgeron débraillé et en chaussons, la casquette fièrement campée sur l'oreille, il partit cette fois comme une flèche, et au coup de six heures et demie, il sonnait vigoureusement à la porte de l'Hôtel de la Présidence.

Ce que fut cette entrevue, qu'on me permette d'en suspendre pour l'instant le palpitant récit, ne serait-ce que pour mieux exciter et retenir la curiosité du lecteur, ainsi qu'il convient en tout bon roman qui se respecte, à plus forte raison en une histoire absolument vraie en tous points. Il faut croire pourtant que la rencontre ne donna point satisfaction à l'anarchiste déterminé.

Il rentra « bredouille » en ce sens qu'il n'avait ni rapporté la cervelle ni *mangé les foies* du magistrat éminent, dont il avait dû apprendre l'impressionnante personnalité. Mais il n'avait point pour cela désarmé ; on a des convictions fermes ou on n'en a pas. Il avait pris vis-à-vis de lui-même et surtout du voisinage l'engagement de démolir un bourgeois. Il en aurait un ce soir même, quel qu'il fût, le premier qui passerait à sa portée.

Et, ma foi, il fit comme il avait dit... ou à peu près.

*
* *

De blondes clartés lunaires s'épandent sur la sérénité reposante d'une soirée profondément calme et silencieuse. Au revers du fossé de la route, dans l'herbe du gazon renaissant est paisiblement assis, en son costume de semaine d'ouvrier fatigué, un homme d'allure indifférente. Soudain, dévalant l'avenue d'un petit trot régulier, apparaît un équipage léger et fringant que conduit, les guides hautes en main, un « bourgeois » cossu et heureux de vivre. En un clin d'œil le flâneur s'est levé ; tout aussitôt a retenti le déclic rapide et sec d'un revolver. Ça y est : l'homme est parfait tireur, le coup a porté, exactement à la racine du nez « capitaliste », entre les deux yeux.

Il y a un Dieu pour tout le monde ; il y a plus spécialement une Providence pour les enfants, pour les ivrognes, et pour les... banquiers. Le monsieur était un gros banquier rémois. L'arme de Ledur était un *browning* de pacotille à 4 fr. 95 ; la distance de tir, probablement trop longue ; la poudre, de médiocre qualité ; le crâne du banquier, plus résistant ; — toujours est-il que la balle minuscule vint s'aplatir et se couper sur le ressort du pince-nez dont était heureusement orné le bourgeois démesurément myope... et chanceux, qui en fut quitte pour une commotion violente rapidement dissipée et quelques gouttes de sang.

Le soir même, le justicier populaire, le malheureux Ledur, la véritable victime des iniquités sociales, déployait ses couvertures à la prison, — et quelques semaines plus tard il venait s'asseoir au banc des Assises sous inculpation de tentative d'assassinat.

*
* *

L'Instruction n'avait pu évidemment négliger les déclarations de l'honorable magistrat, dont la déposition à l'audience était attendue avec une certaine et impatiente curiosité. Tout ce qui tombait alors de ses lèvres avait un caractère de haute distinction, et nous ne doutions pas que son important témoignage à la barre ne fût empreint de cette solennité grave qui donnait à tous ses dires et à ses moindres gestes une imposante autorité.

De cette déposition mémorable, nous écarterons tout ce que nous connaissons déjà, pour n'en retenir que le passage volontairement omis plus haut. Ce passage, émouvant, d'une peinture si nettement saisissante et fidèle, dont nous ne pouvons, à notre extrême regret, reproduire l'impressionnante intonation, l'assurance calme et digne, presque majestueuse, nous l'avons confié à notre mémoire qui nous en rend encore aujourd'hui et au premier appel, le texte scrupuleusement exact :

« ... Nous dînions, Madame et moi, servis

« par notre domestique. A peine terminions-
« nous le potage que celui-ci (pas le potage,
« le domestique) vint m'informer que quel-
« qu'un demandait à me parler. Je le priai de
« répondre que je n'étais pas libre et que je
« ne pouvais recevoir qu'au Palais, en mon
« cabinet, aux heures par moi déterminées.

« Un instant après, le valet de chambre se
« présenta de nouveau, me déclarant que le
« solliciteur insistait très vivement, qu'il était
« un *ouvrier* et qu'il voulait *absolument* me
« parler.

« *Absolument* est une expression dont on ne
« se sert pas souvent chez moi...

« Mais enfin il s'agissait d'un ouvrier, d'un
« homme du peuple. Je me dérange toujours
« pour les ouvriers. Je me rendis donc au
« vestibule où cet homme m'attendait.

« Dès le premier coup d'œil, j'eus l'im-
« pression qu'il devait avoir des intentions
« hostiles. Il paraissait très surexcité, m'adres-
« sait des invectives que je dédaigne même de
« reproduire; tout ce que je pus saisir de ses
« propos désordonnés, c'est qu'il était le mari
« de la brave femme du faubourg d'Epernay,
« que ça ne se passerait pas comme ça...

« Tout en parlant et gesticulant, il s'avançait

« vers moi de telle sorte que je me trouvai
« acculé à un angle du vestibule. A ce
« moment, un dernier rayon de soleil tra-
« versant le vitrail tombait sur mon front et
« cet homme a pu voir que j'avais *quelques*
« cheveux blancs qui, je veux le croire, lui
« inspirèrent pour moi encore un peu de
« respect et arrêtèrent son bras. Je le regardai
« d'ailleurs bien en face. Il se retira sans avoir
« pu réaliser les desseins criminels qui sans
« doute l'avaient conduit chez moi. . . . . .
« . . . . »

Décidément, ce Ledur était un pauvre anarchiste ; et d'ailleurs l'air imposant de notre
Président avait bien suffi à l'intimider et à le
désarmer.

Nous ne savons plus quelle condamnation il
encourut ; peu de chose, croyons-nous, grâce
à ce qu'en somme il n'y avait eu au bout de
son mauvais pistolet d'enfant aucune victime,
— et aussi, grâce à l'éloquence de M° F. L...,
l'un des grands maîtres du Barreau de Paris,
dont nous entendons encore la voix grave et
légèrement nuancée de respectueuse ironie :

« .... Ledur s'en est allé trouver, sans
« connaître sa haute qualité judiciaire, un
« bourgeois, c'est vrai... mais quel bourgeois !!!
« Il ne savait point, je le sais pour lui,
« que ce bourgeois était un magistrat et quel
« magistrat !!! . . . .
« . . . . »

SOUVENIRS DE NAPOLÉON

Rassurez-vous, Confrères, je ne veux point évoquer ici la grande figure du conquérant.

Il n'en s'agit pas moins cependant d'un météore étincelant d'esprit, d'originalité, de spontanéité, qui a laissé dans les annales du Barreau de Reims une trace lumineuse. Il se trouvera bien encore quelques mémoires fidèles pour ne point avoir complètement oublié Napoléon Lasserre, à la taille fine et gigantesque, au nez anguleux, à l'œil mobile et vif, et surtout à l'accent méridional et volubile. Il était au demeurant un excellent confrère, complaisant, enjoué, charmant, causeur fin et séduisant. Mais enfin, il n'était pas comme tout le monde. Bien qu'il portât les favoris de l'homme de loi, sa tenue ne participait point de l'habituelle et sombre nuance qui était alors presque de rigueur.

Je le vois encore, par les lourdes chaleurs

d'un été mémorable, s'engouffrant au Palais en arborant, outre le Panama de vingt-cinq centimes, un complet de toile bleue comportant notamment un pantalon... à pont, jouant à merveille les Incroyables auxquels le prédisposaient son type et sa prestance.

Au cours de ces souvenirs, nous le retrouverons inévitablement. Je me contente de lui consacrer ici quelques notes générales qui n'ont point la prétention d'être une biographie.

Bien qu'il eût reçu un prénom bonapartiste, Lasserre n'était point Corse. Mais il était fortement méridional. Le destin y mettant peut-être quelque malice, fit de lui, malgré la nuance dynastique de son prénom, le condisciple et l'ami intime, au collège communal de Cahors, de celui qui devait être le tombeur de l'Empire, Léon Gambetta.

Transplanté à Reims par son union avec la fille du Conservateur des hypothèques de cette ville, M. Dalayrac, dont il était le compatriote, Lasserre prit de suite au Barreau rémois une place tout à fait originale.

Le Barreau, cependant, n'était pour lui qu'un tremplin de transition d'où il essaya de se jeter dans la politique. En 1879, il se présentait comme candidat radical aux élections législatives contre M. Portevin, ancien avoué, homme mûr, d'expérience, de sens rassis, mais encore ardent de convictions politiques libérales. De minimes divergences au surplus les divisaient.

J'étais alors encore jeune, déjà cependant muni de mon bulletin de vote et de ma voix au chapitre. Cette bataille électorale fut pour moi l'occasion, la première — à peu près la seule — de me jeter dans la mêlée sous le couvert d'un pseudonyme quelconque, par une longue lettre publiée dans le journal conservateur et qui, même, me valut le plaisir de rompre avec la presse opportuniste de l'époque quelques lances épistolaires échauffées et courtoises.

Après plusieurs années passées au Barreau, — juste assez pour y semer des graines de bonne humeur et y laisser des souvenirs exempts de banalité, — Napoléon Lasserre, un peu désenchanté des luttes de la politique pure, songea à se faire sérieusement une carrière. Il fit appel à son ami Léon, alors tout puissant;

— on était aux premiers mois de 1881. Il quitta le Barreau de Reims pour être installé de plain-pied comme substitut au Parquet de la Seine.

J'eus l'occasion de le voir alors à son siège d'audience de la dixième chambre : « Té, mon bon, me dit-il d'un ton fatigué, tu ne t'imagines pas ce qu'ils me font travailler ici ; pas moyen, vrai, de flâner un instant. »

Quelques mois de ce labeur, auquel il ne s'était pas préparé, avaient suffi pour faire de lui un excellent magistrat. Il traversa je ne sais quelle Cour de province comme avocat général ; puis il fut envoyé Procureur général à Chambéry, où il partageait avec l'Evêque le palais des ducs de Savoie. Ce rapprochement de résidence n'avait pas trop effarouché ses opinions anti-cléricales, d'ailleurs très superficielles et peu consistantes, et ne l'empêcha pas d'être pour son épiscopal co-locataire un voisin non seulement correct, mais extrêmement aimable et courtois.

Puis il demanda et obtint le fauteuil de premier Président de la Cour d'Agen, son pays natal ou à peu près ; — et enfin, il termina sa carrière et sa vie comme conseiller à la Cour de Cassation, tout simplement.

Cela nous paraissait tout de même un peu singulier, à nous qui avions connu un Lasserre original, fantaisiste, d'humeur plutôt gaie, d'allure et de tenue dépourvues de gourme et de contrainte. Il paraît pourtant qu'il avait fini par conquérir la dignité grave du haut magistrat, et qu'il rappelait, par sa belle tête grisonnante à favoris discrets, les portraits ancestraux des chanceliers compassés et engoncés de la bonne époque. Je crois même qu'il avait complètement renoncé aux pantalons... à pont.

LE SYSTÈME DE L'ADVERSAIRE

Me Napoléon Lasserre était à la barre, et le Président, M. Savard, venait de lui donner la parole comme *demandeur*.

Lasserre ouvrit donc son dossier. La suite de l'aventure nous permettra de penser qu'il l'ouvrait même pour la première fois. Il était tellement occupé d'activités extra-judiciaires que ce bon Lasserre n'assurait pas toujours à ses plaidoiries une longue préparation ; — il était d'ailleurs servi, comme en une juste compensation de la nature, par une intelligence très perspicace, par une faculté très grande d'assimilation rapide, par un savoir juridique incontestable.

Donc, il souleva la cote de son dossier, en tira la première pièce qui était des conclusions. Il en fit à haute voix la lecture, en commença avec aisance, clarté et conviction le développement, le commentaire et la solide argumentation.

Derrière lui, un brave homme, de bonne et loyale figure campagnarde, s'agitait désespérément et, tirant Lasserre par le pan de sa toge, lui soufflait avec énergie : « Mais non, Monsieur Lasserre, vous vous trompez, ce n'est pas cela. C'est tout le contraire... »

Ce manège obstiné attira tout de même l'attention de Lasserre et l'arrêta dans son chaleureux élan.

Il convient d'expliquer qu'à cette époque, l'administration du Timbre n'avait point encore adopté, pour la confection des papiers de procédure, les nuances différentes, blanche pour l'original, bleue pour les copies, qui aujourd'hui fixent au premier regard l'un ou l'autre caractère des pièces d'un dossier. La seule mention qui les distinguait, sur le papier timbré de même aspect, était celle de l'indication manuscrite et finale : « Pour original » ou « pour copie ».

Or il était arrivé que le bon Lasserre, victime de cette déplorable uniformité, avait entre le pouce et l'index la *copie des conclusions de l'adversaire ;* et qu'il les soutenait avec un entrain et une conviction qui lui donnaient à penser intérieurement : « Ça va bien », mais qui ne faisaient pas l'affaire de son client ahuri, un excellent maire d'une commune de la montagne.

Lasserre finit bien par se rendre compte de sa méprise, surtout en remarquant les sourires ironiques de son adversaire d'audience, M° Lantiome, qui se gardait bien de l'interrompre. Il ne pouvait pourtant pas davantage faire le jeu de l'ennemi; mais il était de ceux que rien ne déconcerte et dont l'esprit est fertile en ressources opportunes et rapides.

Après quelques périodes de transition parachevant son élan, et de sa voix la plus calme, en homme pleinement en possession de soimême, avec une désinvolture aisée et charmante :

« Je viens, Messieurs, de vous exposer le
« système de l'adversaire. J'en ai prévu la fra-
« gile argumentation. Permettez-moi mainte-
« nant d'y opposer mes victorieuses réponses. »

Et prenant d'une main sûre la pièce n° 2 qui était bien, cette fois, l'original des conclusions de son client, il en donna lecture, ce qui était pour lui le seul moyen de les connaître, et les appuya d'une logique aussi brillante qu'elle était improvisée.

C'était un peu du Courteline anticipé.

RAPPORT D'EXPERTISE

Le trait que voici viendra tout naturellement prendre sa place à la suite du précédent, comme appartenant à la mémoire de l'excellent Lasserre et au même ordre d'idées.

C'était à Vouziers, dans une instance qui revenait au rôle après expertise. Lasserre, de sa voix claire, un peu en trompette, avec surtout l'accent du gascon authentique, entreprenait la lecture du travail long et bourré de technicismes des hommes de l'art.

Dès les premiers mots, il fut interrompu par le Président :

« Vous pouvez, lui dit-il, Maître, vous dispenser de cette lecture. Pour vous en épargner la fatigue et n'en point absorber l'audience, le Tribunal, avant de monter au siège, a pris connaissance de ce rapport très ample et très complet.

— Mais, objecta Lasserre avec une parfaite aisance, c'est que, moi, je ne l'ai pas lu, et je ne serais pas fâché...

— Comment donc ! acquiesça le Président avec bienveillance, mais c'est tout naturel. S'il en est ainsi, Maître, vous pouvez continuer... »

Et les juges, prenant des attitudes commodes et résignées, purent égarer sans remords leurs esprits en des rêveries diverses, pendant que Lasserre poursuivait sa consciencieuse étude.

———

COUP DE TONNERRE

On prétend que parfois les juges s'endorment
à la douce harmonie des plaidoiries. C'est
évidemment un bruit malveillant que font
courir quelques justiciables mécontents. Il
serait plus vrai de dire que les magistrats « se
recueillent ».

Un jour, cependant, en un tribunal d'un
département voisin de la Marne, ce recueillement était singulièrement profond.

Mᵉ Napoléon Lasserre sentait que ses argumentations les plus serrées, dans une affaire
d'ailleurs banale et fastidieuse de liquidation,
faisaient peu d'impression sur ses auditeurs du
tribunal, dont l'œil mi-clos et les soupirs
régulièrement rythmés et... sonores attestaient
la très relative attention. Il convient de dire
que ce facétieux de Lasserre, à qui, dès le
début de ses observations, n'avait point
échappé cette prédisposition des juges à la

quiétude, s'était offert le malicieux plaisir, après avoir entonné un claironnant exorde, de diminuer graduellement l'intensité de sa voix, la conduisant par une habile réduction à n'être plus qu'un gazouillement, qu'un murmure léger, encourageant comme un zéphyr au bienfaisant et réparateur... sommeil.

Et quand il vit ses trois victimes bien à point... ou à poings fermés, comme on voudra, il y alla de sa gamine manifestation :

« Mes clients, susurra-t-il, s'étaient endormis dans la sérénité d'une paix profonde — quand l'assignation, — et ici un éclat de trompette — quand l'assignation, comme un violent coup de tonnerre, les a cruellement réveillés. »

Joignant à la parole un geste symbolique, il frappait la barre d'un poing vigoureux et imitatif, faisant sauter ses papiers et sursauter ses juges. Sur quoi il s'arrêta...

« Continuez, Maître, le Tribunal vous suit avec la plus grande attention. »

Ce diable de Lasserre, aggravant encore sans pitié son ironique réponse, continua en effet :

« Je disais donc, Messieurs, à la précédente audience..... »

LE SYLLABUS

« Huissier, ouvrez toutes grandes les portes et les fenêtres, pour que tout le monde puisse bien entendre nos deux éminents orateurs... »

C'est sur cet ordre déjà impressionnant et solennel que débuta un jour l'audience de la Justice de Paix de V.....

Une affaire de passions politiques locales avait fait accourir des coteaux et des villages voisins une foule considérable, débordant l'auditoire trop exigu, et avait amené à la barre deux avocats du barreau de Reims.

Ils n'étaient point, certes, les premiers venus ; — leur réputation, bien assise à l'un et à l'autre, la notoriété de leurs talents respectifs très personnels justifiaient la flatteuse promesse du juge. — Lantiome et Lasserre étaient incontestablement deux orateurs éminents.

Cela ne les empêchait pas d'être aussi deux

joyeux vivants, ce qu'on peut appeler deux « riches natures ».

Avant de monter à l'audience, il avait bien fallu déjeuner. En gens prévoyants, ils avaient prévenu l'excellent *Hôtel du Soleil d'Or*, très apprécié des palais délicats pour sa bonne chère et pour sa cave. C'était Lantiome qui avait fixé le menu ; on peut croire qu'il s'y entendait. Il y avait là surtout une cuvée réservée d'un bouquet, d'un pétillant sans égal, et dont la chaleur était particulièrement, un peu traîtreusement peut-être aussi, communicative.

Mais enfin, en traversant la place de l'Hôtel-de-Ville, on avait de la tenue, une tenue un peu raide sans doute, cependant correcte et digne.

Lasserre avait à prendre le premier la parole. Son exorde, il faut le reconnaître, fut plutôt lourd ; il semblait que les mots eussent quelque difficulté à franchir le seuil de ses lèvres, comme s'ils étaient retenus et embarrassés dans une pâte assez épaisse. Il fallait bien, n'est-ce pas, le temps de se mettre en train.

Et de fait, l'entrain lui vint ; et le voilà parti comme une flèche, s'exprimant avec une incroyable volubilité, semant à plaisir les mots spirituels, les expressions imagées et curieuses, avec une verve étincelante, éblouissante, étourdissante. Lasserre se mit à parler de tout, de tout absolument, *de omni re scibili*, — et de beaucoup d'autres choses encore, *et quibusdam aliis*. Il parla de la construction du Théâtre de Reims, de la dernière comète, des modes de la saison. Puis, tout à coup, il s'en prit au *Syllabus*, la considérable et récente Encyclique Pontificale. Il entreprit de démontrer au Juge de Paix qu'elle était le plus audacieux monument de l'esprit humain; que d'ailleurs, elle était bourrée d'hérésies théologiques dont il commença l'énumération et l'analyse en une discussion dogmatique plutôt confuse.

Quel rapport pouvait-il y avoir entre le *Syllabus* et le procès en cours? Le diable lui-même, ennemi né et juré des bulles et des leçons papales, aurait été bien empêché de le dire. Mais vous pensez que ce souci était bien le dernier qui eût troublé Lasserre. Il n'en continuait pas moins à secouer vigoureusement ce pauvre *Syllabus*, qui n'en pouvait mais et ne cherchait pas à se défendre.

L'auditoire entassé dans la salle et aux fenêtres ne comprenait pas très bien; mais il semblait tout de même fasciné par les fusées aveuglantes de ce feu d'artifice.

Pourtant, il y avait là quelqu'un dont la physionomie était bien curieuse à observer.

Tout d'abord, gravement assis à la petite table de l'huissier, Lantiome avait taillé son crayon, déployé une grande feuille de papier blanc et pris ses dispositions pour recueillir les arguments du demandeur, afin de les rétorquer un à un en une invincible logique.

Au fur et à mesure que se développaient les fantastiques périodes de Lasserre, la bonne et large figure de Lantiome s'épanouissait d'une jovialité ahurie et comique. Ses yeux, déjà si pétillants de malice, s'arrondissaient en une intense stupéfaction.

Et quand il entendit Lasserre taquiner avec obstination le *Syllabus*, Lantiome, n'y tenant plus, fut secoué d'un éclat de rire incoercible et sonore qui coupa net le bel entrain et la période claironnante de l'éminent orateur numéro un.

Lasserre comprit que Lantiome « se payait sa tête »; il lâcha le *Syllabus*, et se tournant vers son confrère en une attitude irritée, son grand bras et son long index le menaçant comme d'une juste malédiction :

« Comment ! Tu oses rire ! Tu te moques de moi ! Tu m'insultes !

— Mais non, mais non, dit Lantiome. Tu vois bien que je t'écoute avec recueillement. Tu m'intéresses et tu m'instruis. Continue donc..... »

Le bon Lantiome s'étouffait de plus belle en une nouvelle crise de gaieté; il riait aux larmes.

« Ne ris pas, Lantiome, ne ris pas. Je te défends de rire, rugissait Lasserre.

— Voyons, dit Lantiome, tu ne peux pourtant pas m'empêcher d'être de bonne humeur, et de rire si cela me fait plaisir.

— Monsieur le Juge de Paix, gémit Lasserre en se tournant vers le magistrat, je vous en prie, protégez-moi contre les insolences de ce monsieur que je ne veux plus connaître. »

Le brave homme de Juge de paix qui semblait bien souffrir d'une migraine commençante, manifestait avec cela un indicible embarras. Il cherchait par quels moyens de choix il pourrait bien offrir à Lasserre le parapluie de sa protection. Son hésitation se résolut en cette exhortation assez malencontreuse :

« Je suis convaincu, Mᵉ Lasserre, que votre excellent confrère n'a nullement eu la pensée de vous être désagréable. Je vous en prie, n'attachez pas plus d'importance à.....

— Ah ! c'est ainsi, interrompit Lasserre exaspéré, je ne puis même pas compter sur le bras tutélaire de la Justice ! C'est bien ; je sais ce qui me reste à faire. »

Et d'un geste saccadé repliant sa serviette, il fit demi-tour et disparut, laissant en plan le juge, le confrère et la foule amusée.

Il disparut, et de quatre jours personne ne le vit et n'entendit parler de Mᵉ Lasserre. On commençait à s'inquiéter de cette disparition. Déjà les suppositions les plus invraisemblables prenaient consistance. D'aucuns prétendaient même que, à la suite de la scène de l'audience, Lasserre avait dû se rencontrer avec Lantiome dans le mystère des forêts voisines et succomber en un combat singulier. L'attitude de Lantiome paraissait un peu contrainte ; il semblait qu'il eût perdu quelque chose de sa gaieté coutumière ; il ne se montrait pas prolixe de détails de sa « brouille » avec Lasserre.

Il était temps que la pierre fût levée sur ce malaise et sur l'obscurité du dénouement.

Le cinquième jour, Lasserre bien portant, guilleret, escaladait les marches du perron du Palais.

La première personne qu'il y rencontra fut précisément Lantiome dont la physionomie s'éclaira en un bel et joyeux épanouissement :

« Ah bah ! comment, c'est toi ? l'as-tu au moins retrouvé, ton *Syllabus ?* »

AUDIENCES DE MARDI-GRAS

I

J'ai connu le bon temps, d'ailleurs peu lointain, où une tradition annuellement respectée
voulait qu'on réservât à l'audience précédant
l'entrée dans la quarantaine sérieuse du
Carême, quelque cause un tantinet légère ou
rabelaisienne, comme en fournit facilement
un rôle généralement chargé.

C'est ainsi qu'en je ne sais plus quelle
année, il ne m'avait pas été difficile de me
concerter avec mon excellent confrère et
ancien, Me J. Lantiome, de si aimable et si
joviale mémoire, pour obtenir à une audience
de ce joyeux mardi la fixation d'une affaire
assez drôlatique, peut-être un peu grasse et
naturaliste, sortant en tous cas de la coutumière banalité.

Mon client était un riche cultivateur des environs de Reims, que nous appellerons Jean-Baptiste.

Son adversaire, Nicolas, faisait un important commerce de bestiaux.

Quelques mois auparavant, tous deux, attablés à l'auberge, avaient échangé devant témoins les propos suivants :

« C'est-y vrai, Jean-Baptiste, que tu serais disposé à vendre ta belle vache la Rougeaude ?

— A voir, répondit énigmatiquement Jean-Baptiste ; ça dépend d'abord du prix.

— Combien en demandes-tu ?

— Dame, pas moins de sept cents francs, tu comprends, une bête comme il n'y en a pas.

— Sept cents francs ! Tu veux rire, bien sûr ?

— Que non, Nicolas, pas un sou de moins. D'ailleurs, je ne veux pas la vendre en ce moment. Elle est... pleine et je veux attendre qu'elle ait mis bas son veau.

— Ta vache... pleine ! Allons donc, je la connais, je l'ai vue hier encore dans ton écurie.

— Puisque je te dis, Nicolas, qu'elle est

comme ça ; je peux le savoir mieux que toi, je pense. »

Là-dessus, le vin aidant, les têtes s'échauffèrent, le diapason de l'entretien s'éleva aux tonalités aiguës.

« Je te parie qu'elle n'est pas comme tu dis, rugissait Nicolas.

— Je te parie qu'elle l'est, affirmait Jean-Baptiste. Au surplus, ajoutait-il, c'est bien simple ; je vais te faire une proposition. De toutes façons, ma vache est à toi. Nous la ferons examiner. Si elle est... pleine, comme je te le dis, tu me la paieras sept cents francs, plus cinquante francs pour le veau. Si au contraire, elle ne l'est pas, et si c'est toi qui as raison, t'auras la vache pour rien. Tu vois que je suis sûr de mon affaire.

— Entendu, acquiesça Nicolas. Tope là et à ta santé. Et puis, nous allons faire un petit écrit de la chose. »

Dès le lendemain, le vétérinaire était mandé en hâte ; et, après vérification minutieuse, déclarait en un très sérieux certificat, que la Rougeaude était dépourvue de toute espérance de maternité, — autant qu'est vide de toute idée l'outre gonflée de rhétorique d'un grand discours politicien. — Seule, cette dernière et irrévérencieuse comparaison est de moi, bien entendu.

Muni de cette précieuse attestation et aussi d'une bonne longe toute neuve, Nicolas était venu quérir, sans bourse délier, la Rougeaude toute prête à le suivre avec docilité. Jean-Baptiste s'opposait énergiquement à cet enlèvement.

De là papier timbré et procès; voilà pourquoi nous étions à l'audience le Mardi-Gras.

Jean-Baptiste soutenait qu'il n'y avait pas eu marché, tout au plus une plaisanterie sans conséquence juridique possible. Je ne sais même pas s'il ne me fit pas invoquer l'article 1965 du Code civil refusant action pour paiement d'un pari. Je crois bien, sans en être plus fier, que le tribunal fit droit à sa théorie, hésitant à voir une convention là où les volontés des parties avaient été certainement obnubilées.

Mais ce que je regrette de ne pouvoir reproduire, ce sont les mots drôles, les plaisanteries spirituelles, le bouquet d'étincelles

assez... gauloises, dont fut émaillée la plaidoirie de mon cher et gai confrère.

II.

Avaient-ils, un peu comme nous-mêmes, le
besoin de se détendre après les fatigues réelles
d'un semestre particulièrement laborieux?
Etaient-ils, comme de simples justiciables,
envahis inconsciemment par cette ambiance de
gaieté plus ou moins folâtre qui signale le
passage du Carnaval ? Toujours est-il que, cette
année-là (189...), MM. les Magistrats de la
seconde chambre manifestèrent, par une petite
manœuvre, d'ailleurs d'un très relatif succès,
le désir d'en finir rapidement avec l'audience
civile qu'ils avaient à tenir le Mardi-Gras, non
admis comme jour de vacation par les rigueurs
du calendrier judiciaire.

D'ordinaire, avec une louable ponctualité,
ils montaient au siège à midi quinze ou midi
vingt au plus tard.

Mais ce jour-là, comme s'ils s'en étaient
concertés au préalable, le vice-président,
l'excellent M. Maloret et ses deux assesseurs,

fortifiés du substitut de service, suivis du greffier, faisaient à la queue leu-leu et à midi sonnant une entrée plus grave encore que de coutume dans la salle où les attendait l'huissier audiencier.

Au banc des avoués et des avocats, vide absolu. Au fond, dans la partie réservée au public, étaient paisiblement assises huit ou dix personnes ayant l'allure indifférente et quelconque de curieux étrangers, — des touristes probablement de la banlieue parisienne, débarqués d'un train de plaisir matinal.

En moins de trois minutes était expédié un appel auquel, et pour cause, personne ne répondit. Le bon vice-président voulut bien constater avec regret le néant de l'audience en levant la séance avec quelque précipitation.

A midi dix, dépouillés de la toge sévère et de la blanche hermine, les magistrats dévalaient les degrés du péristyle d'un air plutôt satisfait et léger, quand ils virent venir à eux, se dirigeant par conséquent au Palais, notre sérieux, éminent et infatigable confrère et Bâtonnier, Me Brissart, sur qui sans doute avaient peu de prise les effluves joyeux du Carnaval. Il était suivi, à courte distance, d'un de ses confrères; tous deux portaient sous le bras gauche des serviettes gonflées d'une manière menaçante pour le repos des juges.

« Mon cher Bâtonnier, dit aimablement le très courtois M. Maloret, nous vous éviterons la peine de monter au Palais. Nous n'avons trouvé personne à l'audience et nous avons remis toutes les affaires à quinzaine.

— Mais, pardon, M. le Président, vous avez fixé à cette audience une enquête sommaire et par écrit pour laquelle des témoins sont venus de loin. Il me paraît difficile de leur imposer un nouveau et coûteux déplacement. »

Diable ! La sérénité des fronts officiels et judiciaires s'assombrit un instant d'un nuage de léger désappointement; mais un instant seulement, pour faire place à un rayonnement de saine gaieté et à la visible détermination du devoir à remplir. On fit donc vaillamment demi-tour. On se mit résolument et en conscience, comme d'habitude, à la tâche; on écouta avec patience et attention les longs témoignages qu'il fallut dicter au greffier, les explications contradictoires et confuses des parties, les savantes dissertations sur le fait et

sur le droit des avocats; et enfin, sur le coup
de cinq heures et demie, on put descendre,
l'âme réconfortée du devoir bien accompli,
pour jouir du spectacle populaire des confettis,
des serpentins, des mascarades, des lampions
et des lanternes vénitiennes.

III

Seulement, l'expérience avait porté ses fruits.
L'année suivante, l'audience civile de seconde
chambre coïncidait encore avec le Mardi-Gras
qui se trouvait être le deuxième du mois de
mars. Nous jouissions par anticipation d'une
véritable température printanière.

Cette fois, ce fut seulement à midi vingt-cinq
que tomba la formule : « L'audience est ouverte.
Huissier, faites l'appel des causes. »

L'appel se dévida normalement et sans hâte.
Nous étions au complet.

Quelques affaires de peu d'importance furent
retenues pour être plaidées. Il n'y figurait
d'ailleurs aucune enquête, ni comparution des
parties, ni mesures urgentes d'instruction à
l'audience.

L'appel terminé, le doux M. Maloret annonça
que le Tribunal avait à se retirer quelques

instants en sa chambre du Conseil ; sur quoi les magistrats s'éclipsèrent, nous laissant dans l'attente très patiente de leur prochain retour.

Cette attente ne fut pas d'ailleurs de longue durée.

Moins de cinq minutes après la disparition des magistrats, la sonnette retentissait, et nous nous levions respectueusement pour les accueillir. Ce n'était pas cela du tout. L'huissier d'audience ayant pénétré dans le sanctuaire des délibérations, en revenait presque aussitôt, chargé de nous informer que le Tribunal se trouvait empêché de reprendre séance.

On n'a jamais pu savoir pourquoi.

COMPTE DE FIN D'ANNÉE

Je ne crois pas qu'il y ait encore beaucoup de naïfs, même parmi les esprits les plus obnubilés de préjugés populaires, pour s'imaginer que le succès d'un procès dépend uniquement de la bonne plaidoirie d'un avocat.

S'il fut un confrère dont la grande habileté dialectique connut les triomphes difficiles à conquérir, ce fut certainement Mᵉ L. Mennesson-Bourgogne.

Or, un jour, il perdit un procès qu'il avait considéré comme indubitablement excellent. Tout aussitôt, le Président, M. Savard, lui donnait la parole pour la plaidoirie d'une autre affaire. Voici quel fut, avec un mouvement d'humeur légèrement ironique et sceptique, l'exorde de notre spirituel confrère :

« Je viens d'avoir, dit-il, la douleur de

« succomber dans une instance où je ne croyais
« pas que la chose fût possible. Peut-être la
« cause dont j'entreprends l'exposé et la défense
« est-elle moins bonne ; à vrai dire, je ne le
« pense pas ; cela ne m'empêcherait pas
« absolument, au surplus, d'y espérer un
« dénouement plus heureux. Quand une affaire
« est-elle bonne ? Quand est-elle mauvaise ?
« Je vois bien, par l'expérience que je viens
« d'en faire, qu'il est imprudent de le pronos-
« tiquer ; on ne sait cela qu'après le juge-
« ment.

« Pour nous autres avocats, il faut savoir
« nous faire une raison ; nous perdons de
« bons procès, nous en gagnons de... moins
« bons. A la fin de l'année, nous faisons le
« compte : c'est en somme, pour nous, une
« simple question de moyenne... »

NE PAS CONFONDRE

Notre excellent confrère Raymond d'Or était de ceux qui ne laissaient point tomber jusque terre les trouvailles heureuses que nous ménage parfois, pour nous apporter quelque saine gaieté, la vie judiciaire.

Il nous arriva un jour rayonnant de plaisir et nous offrit, dans toute sa fraîcheur, la reproduction de la scène charmante à laquelle il venait d'assister dans l'une des chambres d'instruction.

Le magistrat avait procédé à l'interrogatoire d'un pauvre garçon prévenu de vol domestique. Quand je dis qu'il venait de procéder à l'interrogatoire, cela doit s'entendre d'un entretien absolument unilatéral, où le partenaire du juge s'était renfermé dans un mutisme complet. Ainsi que l'on dit en langage vulgaire, « il n'avait rien voulu savoir. »

Quand il eut épuisé toutes les ressources de

ses plus habiles tactiques, le juge d'instruction dut se rendre et s'avouer vaincu. Il mit fin à ses tentatives inutiles, dicta à son greffier un procès-verbal sommaire, le fit signer au prévenu et le signa lui-même.

Ces formalités remplies, il prit un petit air paterne et débonnaire : « Voyons, mon garçon, vous n'avez rien voulu reconnaître des faits relevés contre vous. Je n'ai pas à vous en critiquer, c'était votre droit. Mais maintenant que mon procès-verbal est clos et signé, vous pouvez parler librement et en toute sincérité ; entre nous, de vous à moi, n'est-ce pas, c'est bien vous ?

— ....

— Allons, n'hésitez donc pas ; je vous le répète, l'instruction est terminée ; vous pouvez passer des aveux qui ne seront point portés au procès-verbal. Regardez-moi bien et n'ayez aucune crainte. Ce n'est plus le magistrat qui vous parle, c'est *l'honnête homme.* »

Et dire que cette distinction, qui aurait dû le mettre à l'aise, ne put arracher le prévenu à son silence têtu !

VIRTUOSE

Il avait été, comme toujours, très digne et très solennel. Il l’avait même été plus que jamais, ayant eu à requérir dans une grave affaire d’assassinat à la Cour d’Assises du département de... la Côte-Inférieure. Il s’agissait d’un paysan finaud, madré, sournois, rapace, dont un vieil oncle de quatre-vingt-onze ans, et sans enfants, par pure malveillance assurément contre son unique neveu, s’obstinait à ne pas mourir. Celui-ci, avec une bonne pincée d’arsenic, avait tout simplement résolu la question de l’avancement d’hoirie.

De toute la hauteur de son siège, de sa prestance, de son autorité, de son éloquence s’entraînant à l’effet dramatique et même mélodramatique, M. le Procureur de la République écrasait comme un ver sous son talon le rural accusé qui demeurait d'ailleurs parfaitement insensible au très impressionnant réquisitoire.

« Misérable ! lui clamait le sévère magistrat en un superbe mouvement oratoire, misérable ! Vous êtes véritablement un monstre cruel et sans entrailles. Il n'y aura pas plus de pitié pour vous que vous n'en avez eu pour ce malheureux vieillard qui vous avait comblé de ses bienfaits. A la vue du sang criminellement répandu par votre main — (notons qu'il s'agissait d'empoisonnement), — vous n'avez pas eu l'ombre d'un remords ; vous vous êtes enfermé, contre l'évidence, dans des dénégations obstinées. S'il vous était resté une lueur de conscience, vous vous seriez rendu compte de l'énormité de votre forfait ; d'une main, vous vous seriez jeté au pied de cette couche funèbre où gisait, déjà décomposé par la mort, cet oncle vénéré ; de l'autre, « *vous auriez vous-même apporté votre tête à la justice..... »*

Ici, la paupière broussailleuse de l'accusé se souleva un instant; son petit œil noir se tourna un peu narquois vers l'éminent repré-

sentant de la société; ses lèvres s'entrou-
vrirent; mais presque aussitôt l'œil se voila de
nouveau, les lèvres se scellèrent, et le « misérable » retomba dans son impassible torpeur.
Il me sembla cependant qu'au reproche véhé-
ment de ne pas avoir spontanément fait au
Parquet le petit présent en question, il mur-
mura : « Pardon, M. le Procureur, je n'y
avais pas pensé. »

Le Jury estima que le chef hirsute réclamé
par la Justice était un piètre cadeau à offrir
à la vengeance sociale ; il préféra le laisser sur
les épaules de son indigne propriétaire.

*
* *

Or, le soir de ce même jour, le Président
du Tribunal, fidèle aux traditions courtoises
de la magistrature, recevait à dîner M. le
Conseiller de la Cour, président de la session,
ainsi que les membres du Parquet, du Tribunal,
et même le Bâtonnier de l'ordre des Avocats.
Le conseiller était un excellent homme, mais
particulièrement connu par son esprit caustique, ses réparties mordantes qui, pour n'être
pas malveillantes, n'en étaient pas moins
quelquefois piquantes jusqu'au sang.

C'est lui qui, avisant un jour la tête peu intelligente d'un juré numéro huit qui ne lui revenait sans doute pas beaucoup, interrompit la plaidoirie, et dit en s'adressant au juré numéro sept : « Pardon, Monsieur, vous paraissez chercher quelque chose ; c'est sans doute une plume d'oie que vous désirez ? Adressez-vous à votre collègue de droite, il en a certainement une provision à votre service. Continuez, Maître »...

Donc, on dînait chez M. le Président. Celui-ci, en amphytrion aimable et avisé, ayant eu la bonne pensée d'offrir un peu de musique à ses hôtes, après le petit verre et le cigare, avait dit au chef du Parquet : « Mon cher Procureur, faites-nous donc le plaisir d'apporter votre violoncelle, vous savez combien nous sommes toujours heureux de vous applaudir. »

M. le Procureur s'exécuta ; il produisit au salon une série de chefs-d'œuvre, dont quelques-uns de sa composition, avec un véritable talent et avec une bonne grâce tout à fait charmante, tout en demeurant naturellement très digne et très solennelle.

Le vieux et malin conseiller l'écoutait avec

une attention très vive et un visible plaisir, car il était sincèrement mélomane, mais où se devinait la menace d'une pointe malicieuse.

Quand l'artiste eut tiré son dernier coup d'archet sur une note doucement expirante, le conseiller lui dit : « Mais, mon cher Procureur, je ne vous savais pas un aussi prodigieux talent. Vous êtes, au sens le plus complet, un virtuose. Vous jouez admirablement du violoncelle. Vous devriez *toujours* jouer du violoncelle. »

Le maëstro du Parquet s'inclina modestement devant l'éloge bien mérité. Mais il ne suivit point le conseil. Il continua de produire avec la même ferveur des harmonies et des réquisitoires également remarquables.

SUSPENSION D'AUDIENCE

Le rôle était considérablement encombré de vagabonds et de braconniers. On était en effet en pleine période de vendanges et de chasse, qui sont, comme on sait, deux grandes pourvoyeuses de la Police correctionnelle.

Vers trois heures, ayant déjà expédié près de trente affaires, en ayant encore plus de vingt-cinq au tableau, le Tribunal éprouva le besoin très légitime de se reposer un peu et il suspendit l'audience... « pour quelques instants seulement ».

L'ineffable M. Maloret annonça à ses collègues qu'il quittait le Palais « une minute », le temps d'aller donner une signature au Crédit Lyonnais, à quelques pas, en la rue Carnot.

Le quart d'heure d'usage étant expiré sans le retour du vice-président, les juges se dirent qu'il avait été sans doute retenu au Crédit Lyonnais un peu plus longtemps qu'il ne l'avait prévu, et ils attendirent.

A la fin du deuxième quart d'heure, le bon M. Maloret était comme M. Malborough, il ne revenait pas...

Après trois quarts d'heure, les inquiétudes commencèrent à s'exprimer : « Il est tellement « myope et distrait, qu'il lui sera certainement arrivé un accident. »

Enfin, quand l'aiguille eut fait un tour complet à la pendule Empire du cabinet présidentiel, on prit le parti d'envoyer le concierge du Palais à la recherche du magistrat fugitif, égaré ou écrasé.

Il avait bien fait une courte apparition au Crédit Lyonnais ; mais depuis longtemps il avait quitté l'établissement.

M. Maloret était bon père et bon époux ; sa conduite irréprochable ne permettait pas de supposer un seul instant qu'il pût être à courir la prétentaine.

Il n'y avait plus qu'une chose à faire, se rendre à son domicile, à vingt minutes du Palais, à l'extrémité de la rue du Grand-François. C'est ce que fit l'intelligent émissaire, tremblant cependant à la pensée qu'il allait trouver la famille en larmes au chevet de l'excellent M. Maloret ; ou qu'il allait susciter chez elle les plus mortelles inquiétudes.

Mais non ! Le digne et bon M. Maloret était sagement assis à son piano et déchiffrait avec une attention absorbante la partition de la dernière œuvre musicale alors en vogue.

Rappelé brusquement à la réalité du devoir, il voulut s'arracher les cheveux. Il se précipita à travers les rues, comme s'il allait chercher les pompiers ; — entra au pas de course en la chambre du Conseil où l'accueillit un soupir de satisfaction générale.

Il s'excusa avec simplicité de son retard auprès de ses collègues et même du Bâtonnier des Avocats qu'il avait prié de passer à son cabinet, et avoua qu'il avait eu « une petite distraction ».

Il n'était pas plus de neuf heures du soir quand chacun de nous put déplier sa serviette devant le potage concentré et le rôti desséché. Mais personne n'en garda au sympathique M. Maloret l'ombre d'un ressentiment.

IDENTIFIÉS

Il n'est pas rare, peut-être même pas assez, de voir l'avocat, dans le feu de sa conviction, s'identifier avec son client ; et si l'on veut bien excuser l'expression un peu vulgaire, « entrer dans la peau du bonhomme. »

« M. le Procureur de la République soutient « que je suis un être dangereux et malfaisant. « Qu'il me permette de lui dire respectueuse- « ment que tout au moins il exagère. Sans « doute, j'ai été plusieurs fois condamné ; je « reconnais avec franchise avoir commis le « vol grave qui m'est reproché. Mais enfin, « est-ce que je ne mérite aucune pitié ? Songez « à la misère de mon foyer, à la détresse de « ma pauvre femme et de mes cinq petits « enfants dont l'aîné a huit ans à peine..... »

Ainsi s'exprime un dévoué stagiaire de vingt-deux ans.

On connaît l'exemple classique de ce vieil avocat au dos voûté par les années, au chef branlant, au crâne parsemé de quelques mèches embroussaillées, au front ravagé de rides, aux yeux larmoyants, à la lèvre pendante, à la bouche édentée, au rabat incliné sur quarante-cinq degrés, aux larges manches légèrement effilochées. Il défend en Police correctionnelle une jeune modiste surprise au moment où elle glissa dans son réticule une pièce de ruban mordoré dérobée à l'étalage d'un grand magasin.

Accablée, humiliée, recroquevillée sur elle-même au banc des prévenus, la pauvrette, même en son effondrement, conserve ce petit charme mutin qui se dégage de sa chevelure opulente coquettement ondulée sur un front jeune et frais, de son œil éveillé, de son nez en l'air, de ses lèvres quand même sourieuses, de ses dents nacrées, de son cou gracile, de ce je ne sais quoi qui fait que la petite Parisienne du peuple sait s'attifer d'un chiffon, d'un ruban, d'un rien. Elle est d'ailleurs honnête ; mais que voulez-vous ? elle n'a pas su résister aux séductions de ce chatoiement à vingt-neuf sous.

Il appartient à son vieil avocat d'expliquer

au Tribunal la psychologie de cette juvénile
tentation :

..... « Mon Dieu, Messieurs, vous aurez pitié
« de nos dix-neuf printemps. Nous passions,
« sans penser à mal, devant ces splendeurs.
« Nous étions jeune, nous étions jolie, nous
« étions gracieuse. Voyez, notre visage enfan-
« tin reflète encore la candeur..... »

*
* *

Certains avocats vont encore plus loin, et
n'hésitent point, dans la persuasion de rendre
leur argumentation plus convaincante, de faire
hommage aux magistrats eux-mêmes, sinon
d'une aussi complète identification, du moins
d'une assimilation ne valant guère mieux et
souvent peu flatteuse.

L'un de nos bons confrères rémois, assurément très sympathique, était en ce genre
absolument passé maître. Son excuse était
sans doute qu'ayant appartenu à la magistrature, il en connaissait plus intimement la
nature et la mentalité.

C'est lui qui, à propos d'un délit fiscal où
son client était prévenu d'avoir frustré l'octroi
ou la régie, disait tout bonnement aux juges :

« J'ai de bonnes raisons, Messieurs, de vous
« croire parfaitement honnêtes..... »

Ce à quoi le Président répondit par une
aimable interruption : « Merci, Maître ! »

..... « Mais enfin, à qui d'entre vous n'est-il
« pas arrivé de faire exactement ce qu'a fait
« mon malheureux client ! N'avez-vous donc
« jamais franchi l'octroi sans déclarer le lièvre
« ou la paire de perdreaux simulant l'énorme
« dossier dans votre serviette ? N'avez-vous
« jamais dissimulé à la douane le tabac supé-
« rieur ou la fine dentelle de l'étranger ? »

Il poussa même un jour plus loin l'indiscrétion dans une poursuite où les mœurs
demandaient protection à la Justice.

« Vous comprendrez, Messieurs, que je me
« refuse d'entrer plus avant dans le détail
« immoral de cette triste affaire. *Votre expé-*
« *rience personnelle* saura certainement com-
« pléter ce que les convenances et la publicité
« de cette audience m'interdisent de repro-
« duire. »

Les juges n'eurent pas l'air de comprendre.

LE BIGAME

N'est point bigame qui veut.

La conquête de cette haute situation multi-matrimoniale suppose un ensemble de qualités qui ne sont dévolues qu'au petit nombre. Un extérieur non seulement agréable, mais plutôt d'une séduction irrésistible, une conversation aimable et persuasive, une conscience à l'aise, une philosophie sereine des questions sociologiques ; avec cela, quelques notions de droit sur le Titre deuxième du Livre premier du Code traitant des Actes de l'état-civil, sur le mariage, les donations entre époux, et même de sommaires aperçus sur le droit pénal : ce sont là des éléments essentiels à la profession du bigame.

Il n'est pas inutile qu'il soit doué d'une intelligence vive, d'un esprit éveillé, habile aux combinaisons conjungo-diplomatiques, apte aux décisions rapides. Une bonne écriture, une main un peu exercée, capable de reproduire, au besoin d'imiter une signature illisible ou un cachet officiel, de confectionner un acte de décès, un certificat de bonnes vie et mœurs, de dresser un bon procès-verbal, et par ailleurs de mouler de belles épîtres enflammées avec des cœurs entrelacés, constituent encore un excellent appoint.

Enfin, le candidat sera à peu près complet s'il connaît l'art de se procurer à bon compte quelques valeurs mobilières au porteur, quelques louis d'or ou billets de banque dont le réjouissant aspect joue un rôle si important et si décisif dans les préliminaires de tout mariage contemporain.

La difficulté évidente de grouper une si belle collection d'aptitudes variées explique la rareté de l'espèce bigame.

Il faut peut-être l'attribuer aussi pour partie à ce que la loi française en a fait un crime passible de la Cour d'Assises.

Et ici, au risque de passer pour paradoxal, j'ose dire que pour embrasser cette carrière assez pénible et pleine de dangers de la bigamie, il faut être, malgré toutes les qualités de l'esprit et du cœur que j'ai signalées, un parfait imbécile.

Expliquons-nous là-dessus.

Vous avez un foyer légitime, ainsi dénommé parce qu'il vous a été maçonné en bonne meulière par M. le Maire et par M. l'Archiprêtre. Pour des raisons intimes et personnelles que je ne veux point chercher à pénétrer, — ayant un souverain respect de toutes les opinions, même les plus ineptes, et de toutes les libertés, même autres que la mienne, — vous avez le désir, le besoin, l'occasion de nouer, en dehors du domicile conjugal, bien entendu, un de ces nœuds forts et doux qu'on appelle une union libre, par l'excellente raison qu'elle constitue une lourde chaîne dont le divorce lui-même, le salut des mariages malheureux, ne pourra vous libérer.

Vous pouvez vous créer de la sorte, à côté de votre toit familial, autant d'unions libres que vous voudrez. Par le temps qui court et dans le monde select, elles sont assez bien portées, au moins jusqu'à concurrence d'une seule ; qui donc aujourd'hui n'a pas son coquet entresol particulier ? Mais rien ne vous empêche d'en entretenir un multiple quelconque, sans que la loi ait à s'occuper de vos petites affaires de cœur.

Laissez-moi vous dire cependant que vous seriez le dernier des êtres inintelligents, — je ne veux pas employer d'expressions vulgaires ou blessantes, — si, obéissant à je ne sais quel scrupule de la légalité, vous vous lanciez dans des complications artificieuses et pleines de périls pour présenter à M. le Maire l'une ou l'autre de vos petites amies extra-conjugales qui n'y tiennent vraisemblablement pas ; vous risqueriez quelques années de cette fastidieuse réclusion où vous seriez douloureusement sevré de toute société gracieuse.

Seulement, le bigame, le vrai bigame de vocation ne raisonne pas ainsi ; c'est d'ailleurs son excuse. Il est, lui, un artiste, un virtuose, surtout un virtuose de l'escroquerie des cœurs et des dots. Vous vous rappelez cette déclaration justificative d'un roman célèbre : « Elle me résistait ; je l'ai tuée ». L'adoucissement de nos mœurs a trouvé une autre procédé plus aimable et une autre formule : « Elle me résistait..., je l'ai épousée... »

Je crois avoir dit que l'aspirant bigame est

quelque peu psychologue. Il a remarqué qu'il y a encore de par le monde un certain nombre de jeunes personnes charmantes, mais regrettablement imbues de préjugés d'un arriérisme atavique. Elles sont mûres pour le sacrifice ; mais elles ne consentiront à le consommer qu'avec la permission des autorités. Le soir du jour où un monsieur à belles moustaches et en cravate blanche les aura conduites solennellement à l'Hôtel de Ville en un landau à deux chevaux, elles n'auront rien à lui refuser. Pourquoi ne pas donner satisfaction à ce désir honnête qui est après tout le gage d'une sérieuse fidélité ?

N'approfondissons pas l'analyse du sujet dont je n'ai point entrepris d'écrire un traité complet.

Veuillez constater simplement avec moi que, parce qu'elle appartient à une espèce rare et féconde en aperçus sociaux, une affaire de bigamie est une bonne fortune pour un avocat. Elle le sort un peu de l'affligeante banalité des vols qualifiés, des incendies volontaires, des avortements, des attentats aux mœurs, des meurtres et attaques nocturnes, des faux en écritures et des banqueroutes qui sont l'aliment quotidien de nos assises criminelles.

*
* *

Cette bonne fortune me fut un jour départie. Le « brave » garçon qui voulut bien me favoriser de sa confiance en me chargeant d'expliquer son cas à MM. les Jurés, était un homme encore jeune, correct et même distingué. Son histoire tient en peu de lignes. Après quelques années d'un mariage heureux avec une jeune fille douce, facile, mais un peu nulle, éteinte, maladive, les nécessités des affaires l'avaient contraint à des voyages lointains et de longue durée. Au cours d'une de ces randonnées simplement commerciales, il tomba en arrêt devant une créature vigoureuse, superbe, éblouissante, mais prudente et avisée, assez ferrée sur le contrat de mariage et sur le testament et qui exigea un mariage en règle.

Or, le matin même du jour où je devais monter à la barre, j'apprenais que la première, ou plus exactement la seule femme légitime de mon client, était dans un état de santé plus qu'alarmant ; elle était à toute extrémité, ce qui donnait à craindre... ou à espérer, d'heure à heure, un suprême dénouement.

Je dis « *à espérer* » ; ne m'accusez pas d'inhumanité, et comprenez-moi bien. Il devenait de suite évident pour moi que si la pauvre gisante consentait à rendre à Dieu, à bref délai, la petite âme dolente délaissée par son mari, elle améliorerait du même coup la position critique de ce dernier devant ses juges ; elle lèverait elle-même l'obstacle à une régularisation matrimoniale ; elle n'aurait plus besoin d'être vengée par la justice sociale, etc... etc... — La conclusion très nette et pratique de ces perspectives était qu'il me fallait tenter d'obtenir de la Cour une remise de l'affaire.

Au début même de l'audience et aussitôt après la lecture de l'acte d'accusation, je pris des conclusions tendant au renvoi de la cause à une session ultérieure ; je les motivai sur la nécessité d'un examen mental de mon client.

A vrai dire, je ne me faisais pas d'obstinées illusions sur la valeur du moyen dilatoire par moi imaginé. Mon bigame était un homme parfaitement équilibré et conscient ; il n'était affecté d'aucune tare héréditaire ; il n'était descendant ni d'aliénés ni d'alcooliques ; il n'avait eu ni fièvre typhoïde, ni épilepsie, ni commotion cérébrale, ni agitation nerveuse ; il était, en un mot, entièrement sain d'esprit et d'entendement, comme disent MM. les Notaires.

Mais on trouvera dans un chapitre de ces souvenirs un exemple frappant de nature à montrer à quoi tiennent parfois les destinées des conclusions les plus invraisemblablement échafaudées.

Je crus donc pouvoir me risquer.

Le Président était un magistrat distingué, correct et même assez aimable ; mais il avait sur les traits quelque chose de légèrement ironique, et sur les lèvres une élocution vive, claire, tranchante. Il connaissait de son côté le bulletin de santé de l'épouse très malade. Lorsque mon papier eut été déposé devant lui par l'huissier de service, il me regarda d'un air passablement railleur, et me dit avec un accent un peu saccadé et impatient :

« Maître, est-ce que vous tenez beaucoup à vos conclusions, sur le sort desquelles, je pense, vous ne vous méprenez pas ? Ne feriez-vous pas mieux de les retirer ?... Mais cependant, si vous insistez pour avoir un arrêt parfaitement inutile... »

C'était me dire nettement : « Vos conclu-

« sions sont idiotes, on n'en imagine vraiment
« point de pareilles. »

La réflexion caustique du Président, vinaigrée
encore de l'intonation visiblement moqueuse
qui la soutenait, me mettait dans une position
désavantageuse, disons le mot, grotesque et
ridicule, devant l'auditoire des grands jours
qui remplissait la salle, et où fleurissaient
nombre de dames aimables du meilleur monde,
avides sans doute du spectacle des deux épouses
mises en présence, qui devait leur être refusé.

Il fallait me tirer de là par un coup de
rame droit, vigoureux et surtout rapide. Cela
ne traîna pas :

« Mon Dieu, M. le Président, répondis-je
« du tac au tac, d'un ton qui ne sentait
« pas l'humilité, vous me demandez si vous
« devez rendre un arrêt sur mes conclusions ;
« mais vous avez pris la peine de venir de
« Paris à Reims et de mettre votre robe rouge
« *tout exprès* pour cela... »

La riposte n'était peut-être pas très révéren-
cieuse ni très académique. Elle ne m'en valut
pas moins sur le champ de la part de l'assemblée — et si j'ose ainsi parler — une poignée
de sourires discrets, favorables et approbateurs.
D'ailleurs elle portait juste. Car enfin, quand

un magistrat est sur le siège et revêtu de la dignité de la toge, il a, pour exprimer son opinion sur les conclusions qui lui sont proposées, autre chose à faire que des plaisanteries mordantes ; il lui faut et il lui suffit de prononcer un bon jugement.

A la fin de l'audience, j'allai trouver en chambre du Conseil le Président que je savais être au demeurant très bienveillant et courtois pour le Barreau, et simplement d'humeur facilement nerveuse. Je ne voulais pas qu'il gardât mauvais souvenir de ma répartie qui avait été nécessaire, de mon côté, pour atténuer l'effet ironique d'une provocation dont il voulut bien reconnaître, spontanément et en riant de bon cœur, la trop grande précipitation. Sur quoi il me tendit cordialement la main.

A vrai dire, si l'excellent conseiller, très estimé de la Cour de Paris, avait eu besoin d'excuses aux allures parfois un peu vives d'un tempérament trop impressionnable, je les lui aurais moi-même trouvées dans les souvenirs de l'émotion grave et de la douleur profonde qui l'avaient injustement et cruellement frappé, peu de temps auparavant, dans ses affections les plus chères.

Parmi les nombreux magistrats qui depuis trente ans sont venus présider nos sessions d'Assises, il est de ceux qui nous ont laissé les meilleurs souvenirs.

UNE MÈRE DÉNATURÉE

Le bon M. Maloret, dont j'ai déjà cité dans ces notes quelques traits biographiques, était assurément le plus aimable des hommes et le plus consciencieux des magistrats. Je puis bien dire cependant, sans porter atteinte à l'honorabilité de sa mémoire, qu'il était affligé d'une double imperfection ne diminuant en rien son mérite, mais qui a fait de lui un excellent et insconscient collaborateur de mes souvenirs anecdotiques ; il était idéalement distrait ; il était avec cela souvent trop prompt à exprimer sa pensée, ce qui le conduisait aux méprises les plus invraisemblables.

Pour fixer ici le récit qui va suivre, et dans lequel d'aucuns seraient tentés de croire à quelque invention gasconne de ma fantaisie, je suis obligé de citer mes auteurs, ou plutôt l'auteur unique de qui j'en ai recueilli la certitude. Si jamais quelqu'un fut ami de la vérité avant tout — *Amicus Plato, sed magis amica Veritas ;* — si jamais un avocat fut respectueux de l'autorité en général et surtout de l'autorité de la Justice et de ses représentant, ce fut Me Piéton ; il l'était jusqu'au fétichisme. Il faut donc que cette histoire ait été réellement et dix fois vraie pour que l'intègre Piéton ait consenti à nous la livrer. Avec quelle joie un peu malicieuse, avec quelle pudicité comique, avec quelle mimique des yeux, de la voix et du geste il se plaisait à nous la redire !

Or donc, une pauvre petite femme du peuple, en cheveux, pâlotte et falote, s'avança à l'appel de son nom, devant le tribunal de Police correctionnelle. Elle était inculpée du délit de violences sur la personne de son enfant mineur. Un embonpoint semi-sphérique et significatif, qu'elle ne cherchait pas à dissimuler — en quoi elle avait raison, — la précédait, annonçant visiblement la réalisation de prochaines espérances.

« Femme X..., lui dit l'excellent M. Maloret avec une feinte sévérité, le ministère public vous reproche d'avoir porté des coups à votre enfant, de lui avoir infligé des violences excédant de beaucoup la correction manuelle que peuvent quelquefois excuser les nécessités de l'éducation.

... Mais au fait, vous êtes enceinte?

— Oui, Monsieur.

— Vous êtes enceinte? Alors, je ne m'explique pas... Voyons, dites-nous comment vous avez pu frapper votre enfant, cela me paraît bien étrange... »

Le juge de droite, les yeux mi-clos et perdu dans un profond recueillement, ne prit point garde à cette question au moins troublante.

Mais le jeune magistrat de gauche, aimable et gai suppléant récemment installé, se mouchait avec sonorité pour dissimuler le fou rire qui menaçait d'éclater irrévérencieusement sur ses lèvres.

En attendant, l'humble prévenue demeurait dans un silence obstiné et plein d'aveux.

« Voyons, femme X..., répondez-moi. Comment vous y êtes-vous prise pour porter des coups à un enfant dont vous êtes encore enceinte? »

Alors la femme X... comprit qu'elle ne pouvait demeurer sous le coup d'une pareille accusation; d'ailleurs, très justement fière d'une

première maternité, celle-là depuis sept ans
éclose, elle répondit avec simplicité :

« ... M. le Président... j'en ai un autre qui
marche sur ses huit ans.

— Ah ! vous en avez un autre ! Maintenant je
comprends.

... Bien, très bien. Et c'est sur celui-là que
se sont portées vos brutalités ? Cela me semblait,
en effet, si extraordinaire ! Allez vous asséoir.
Le Tribunal va en délibérer. »

SUCCESSIVEMENT ?

J'avais plaidé en Police correctionnelle devant le très honorable vice-président M. Maloret, aux invraisemblables vivacités orales, un procès de délit contraventionnel au régime des Eaux, pour un des plus gros meuniers du voisinage de Reims, et j'avais obtenu de l'excellent magistrat qu'il voulût bien venir se rendre compte sur place de la disposition des vannes qu'on reprochait à mon client d'avoir tenues illicitement baissées.

Par une belle matinée de printemps, nous rendant ensemble sur les lieux litigieux, nous cheminions à petits pas, le vice-président et moi, le long du chemin de halage du canal, devisant aimablement des personnalités ou des familles rémoises avec lesquelles nous avions de communes relations.

L'entretien vint à tomber sur un de mes bons et vieux amis, M. Henry Monnesse, dont le nom à Reims est synonyme de charité et de dévouement aux humbles.

« Ne s'est-il pas marié deux fois ? me demanda M. Maloret.

— En effet, lui répondis-je, et même par une particularité qui n'est pas très rare, mais qui montre en quelle estime on le tenait dans la famille où il était entré, il s'est remarié avec la sœur de sa première femme. Il a épousé les deux filles de M. Dupavillon.

— *Successivement ?* demanda vivement, trop vivement même, l'ineffable M. Maloret.

— Mon Dieu ! M. le Président, je crois que... oui, » balbutiai-je en réprimant avec peine un sourire.

Et tout aussitôt, l'excellent homme s'apercevant du grand inconvénient qu'il y a de parler un peu trop vite, me dit avec une franche bonhomie et en toute simplicité : « Ah ! mon Dieu, je crois que j'ai dit une sottise... »

Je ne voulus pas lui faire de peine en lui déclarant que tel était mon avis ; je me contentai de le penser.

SILHOUETTES

Il y a quelque vingt-cinq ans, traversant à Paris les Galeries du Palais-Royal, encore animées alors de mouvement et de vie commerciale, je m'arrêtai à la vitrine d'un marchand d'objets d'art de toute nature, où figuraient notamment des terres cuites assez curieuses. Parmi elles je remarquai deux groupes d'une facture et d'une ciselure particulièrement fines, et surtout fort malicieusement expressives. L'un d'eux avait pour titre *La Plaidoirie* ; l'autre *L'Enquête*.

Le premier représentait les magistrats confortablement assis sur leurs sièges, en des poses passablement abandonnées, et unanimement assoupis d'un sommeil paisible et consciencieux. Seul, le vieux greffier ne dormait pas ; mais son visage aplati, sans expression, ses yeux éteints de poisson mort indiquaient assez combien peu l'intéressait lui-même la plaidoirie, pourtant véhémente, d'un grand diable d'avocat semblant secouer la barre en d'énergiques mouvements óratoires.

Le second sujet faisait avec le premier un pendant par contraste des plus satiriques. Ces mêmes magistrats se sont redressés sur leurs moleskines. Le Président, aimable, paterne et attentif, écoute avec une attention très éveillée, qui ? une jeune personne charmante, gracieuse, dont les traits d'une extrême finesse sont légèrement ombrés d'un peu de timidité qui la rend plus séduisante encore. Elle a levé sa voilette, et sa main délicieuse, légalement dégantée, atteste qu'elle va dire la vérité et toute la vérité.

L'assesseur de droite, bien campé sur son siège, faisant valoir sa prestance encore svelte, malgré ses cinquante ans, ramène à l'ordre les quelques mèches grises d'une chevelure moissonnée, caresse avec un peu de prétention des favoris cultivés avec soin, érige sur son nez aristocratique un lorgnon derrière lequel brillent d'ardentes et tardives admirations.

Le suppléant n'a ni chevelure argentée, ni favoris élégants, ni lorgnon d'écaille ou d'or. Mais il a de belles dents qu'il découvre en un sourire jeune et plein de fraîcheur ; il a une moustache conquérante qu'une main finement modelée et à fossettes ne cesse de lisser et d'appointer en crocs vainqueurs ; il a le regard aimable, approbateur, encourageant, séducteur.

Quant au greffier, il est assurément le plus drôle de tous. Ce faciès glabre, inanimé, inexpressif, s'est tout à coup transformé en un visage épanoui, bien vivant, dont le petit nez camard semble agité de sensuelles aspirations, dont les petits yeux en vrille s'irradient d'un éclat de désirs séniles.

Pour l'avocat, bien entendu, il n'en est plus question.

Je pense que ce chapitre, d'observation fidèle, sera considéré comme étant de ma part une utile contribution à l'étude du féminisme contemporain. D'ailleurs, au cours de ce dernier quart de siècle, on peut dire que cette grande évolution sociale a fait un pas dans nos prétoires, puisque aujourd'hui, nous sommes menacés, sinon même frappés d'une concurrence avec les charmes de laquelle il ne nous est pas possible de lutter.

C'est une malveillante exagération de dire que les magistrats dorment presque toujours à l'audience ; cela peut quelquefois leur arriver sous la monotonie de nos plaidoiries masculines ; mais ce qu'on peut affirmer avec certitude, c'est qu'aux gracieuses périodes des « Dames Avocates » ils ne s'assoupissent jamais.

MONSIEUR ET MADAME MICHON

On vit un jour s'installer, en un bel hôtel
particulier du quartier Cérès, un couple exoti-
que, encore jeune, de très avenante allure
et d'une certaine distinction : les époux Michon.
En quelques semaines, les appartements furent
somptueusement encombrés de meubles de
haut style des meilleures maisons de Reims ;
après quoi, M. et Mme Georges Michon firent
dans la bonne société locale un grand nombre
de visites dont la plupart leur furent correcte-
ment rendues. Ils étaient l'un et l'autre
instruits, spirituels, séduisants. Ils annon-
cèrent leur intention d'ouvrir leurs salons plus
largement au cours du prochain hiver et de
donner une série de raouts, de soirées dansan-
tes et de concerts très artistiques, à leur retour
de la plage, de la campagne et de leurs chasses
en Sologne.

Parmi leurs interlocuteurs rémois, il s'en

était bien trouvé quelques-uns, peu sujets
à l'emballement, qui s'étaient informés auprès
d'eux, avec beaucoup de réserve, de leur passé,
de leur profession, de leurs résidences antérieures. Les époux Michon répondaient avec
une modeste assurance qu'ils étaient tous deux
orphelins, d'origine française. Monsieur était
le fils d'un riche industriel qui avait fait sa
fortune en Amérique ; quant au père de
Madame, décédé depuis deux ou trois ans,
il avait rendu à un souverain étranger des
services importants, discrets et personnels qui
avaient été royalement reconnus. Ils avaient
donc une situation qui dépassait de beaucoup
la plus large aisance, et qui leur permettait,
jeunes encore, de jouir d'un certain confortable, sans excès cependant, et surtout leur
donnait le plaisir de bien recevoir quelques
amis scrupuleusement choisis. Ils étaient fati-
gués de la vie parisienne ; ils avaient cherché
à peu de distance de la capitale avec laquelle
ils ne voulaient pas rompre entièrement, une
ville de province riche, intelligente, animée,
encore assez mondaine pour y cultiver des
relations aimables et sûres. Naturellement,
Reims leur était à cet égard tout indiqué.

Pendant la saison d'été, les époux Michon

furent rencontrés sur les plages à la mode, jouant à tous les petits chevaux des casinos, et même aux grands chevaux des courses balnéaires, avec une veine invraisemblable, jetant littéralement l'or par les fenêtres des plus selects hôtels. Là se fortifièrent, presque jusqu'à l'intimité, quelques-unes des bonnes sympathies ébauchées au quartier Cérès.

*
* *

Un matin des premiers jours de septembre, sur la planche, Michon dit à un bon ami rémois. : « Vous me voyez depuis quelque temps très préoccupé, n'est-ce pas ? Je suis en effet fort ennuyé. Vous connaissez Mme Michon, elle est de santé délicate, très impressionnable, nerveuse, un peu neurasthénique ; mais je l'adore comme au premier jour de notre mariage et je ne sais rien lui refuser. Elle avait écrit une lettre affectueuse à Mme X..., de votre ville, qui lui avait fait le plus charmant accueil et sur l'amitié de qui elle croyait pouvoir compter. Sa lettre lui est revenue avec une mention de refus, et accompagnée d'un billet très froid et très sec qui a vivement froissé et mis aux cent coups ma pauvre femme. Tant et si bien qu'elle ne veut plus reparaître à Reims où nous nous étions installés avec tant de plaisir. Je vais vous demander un grand service. Vous connaissez certainement à Reims une bonne maison de déménagement. Puisque votre saison est terminée et que vous allez rentrer au logis, voulez-vous bien vous charger de demander à la maison que vous aurez choisie, d'opérer l'enlèvement de tout ce qui est dans notre hôtel et de l'expédier de suite en gare de l'Est à Paris, où je vais dans quelques jours m'assurer d'un appartement? Naturellement, si cela vous occasionne quelques déboursés, je vous en couvrirai aussitôt. Si même vous voulez me permettre de vous remettre un chèque...

— Oh ! mon cher ami, mais vous n'y pensez pas... »

On était à cette époque de l'année où tout le monde est partout, excepté chez soi. Le déménagement de l'hôtel Michon passa inaperçu. Les tapissiers, les bijoutiers, les fournisseurs, les grands magasins avaient bien envoyé en juillet leurs comptes semestriels ; mais on sait bien qu'ils restent toujours dans la boite aux lettres jusqu'au retour des vacances.

*
* *

Un beau jour, on put lire dans les journaux bien pensants de la ville, en deuxième page l'avis suivant :

« Monsieur et Madame Georges Michon,
« obligés, pour des raisons de famille, de quitter
« Reims sans avoir pu faire leur visite d'adieux
« aux nombreux amis dont ils ont reçu un si
« parfait accueil, leur expriment leurs sym-
« pathiques regrets et leur conservent le meil-
« leur souvenir. »

« Tiens, tiens, se dirent, un peu anxieux, les bons commerçants rémois que la chose pouvait intéresser, les Michon sont partis ! Eh bien ! et ma note, ma facture, mon mémoire, mon relevé semestriel ? Ils se rencontrèrent à la sonnette de l'hôtel, et n'eurent pas de peine à apprendre que le mobilier somptueux, les bijoux, les tableaux, les œuvres d'art, les tapis, les dentelles, la lingerie fine, etc... avaient pris le chemin de Paris, et avaient été retirés de la gare de l'Est pour prendre des directions inconnues.

Ces honnêtes négociants, que je ne me

reconnais pas le droit de blâmer, ni même d'ironiser, ressemblaient après tout à beaucoup d'autres, défiants à l'endroit du client modeste, à la démarche timide, en casquette ou en gros souliers, à qui ils refuseront un crédit de 19 fr. 95, mais immensément confiants, courtois, empressés et obséquieux vis-à-vis du monsieur très chic, de la grande dame un peu hautaine, à qui ils livreront leurs entiers assortissements, sans rien savoir de leur situation, de leur valeur morale, ni même de leur identité.

Il leur restait la maigre ressource, dont ils usèrent, de confier au Parquet leurs doléances qui furent immédiatement orientées vers le cabinet de M. le Juge d'Instruction.

*
* *

Là, on en apprit de belles sur le compte des époux Michon.

Ils n'étaient pas Michon du tout. Ils étaient encore beaucoup moins époux. Ils étaient simplement associés pour l'exploitation d'une grande industrie internationale dont ils étaient, l'un et l'autre, de distingués chevaliers et d'éminents dignitaires.

Ils n'étaient point de ces imbéciles qui risquent leurs os ou leur liberté en fracturant des tiroirs pour y trouver, le plus souvent, des titres nominatifs inutilisables ou la somme folle de deux francs soixante-quinze centimes.

Ils n'opéraient que dans le grand monde et ne travaillaient pas à moins de quelques mille francs de bénéfices en perspective. Ils n'avaient point d'autre pince-monseigneur que cet outil merveilleux dont ils connaissaient la grande puissance sociale et dont ils se servaient avec une incomparable virtuosité : la poudre aux yeux.

Ce n'est point qu'ils dédaignassent les aubaines de moindre importance que le hasard ou leur bonne fortune pouvaient leur envoyer. C'est ainsi qu'un soir, le gâte-sauce d'un des meilleurs traiteurs de la ville sonnait à l'hôtel et apportait une superbe dinde abondamment truffée, ruisselante et parfumée, et qu'on n'attendait pas le moins du monde.

A la cuisinière un peu surprise, Mme Michon cria du haut de l'escalier: « Mais à quoi pensez-vous, Anna ? cette dinde est bien pour nous. Donnez quatre sous à ce petit. »

Quand, une heure plus tard, à la réquisition des véritables destinataires, impatients, furieux, et surtout ennuyés et vexés devant leurs convives, le traiteur vint en personne réclamer la dinde qui s'était trompée de porte, on lui ferma au nez celle de l'hôtel Michon en lui répondant avec humeur « qu'on ne savait pas ce qu'il voulait dire ».

*
* *

Malheureusement, personne en ce monde n'est parfait.

Les époux Michon avaient négligé de se couvrir d'amitiés politiques. Ce fut une faute qui ne leur permit point d'échapper à la Police correctionnelle de Reims, où furent centralisées les plaintes nombreuses dont avaient été saisis contre eux les Parquets de la Seine, d'Orléans, de Lille et d'autres encore.

Si les recherches les plus minutieuses n'avaient pu faire retrouver la trace du riche mobilier dispersé, elles eurent du moins le succès de procurer l'arrestation des pseudo-époux Georges Michon et leur comparution devant l'excellent M. Maloret à qui ils se présentèrent en une attitude correcte, presque souriante et sans le moindre embarras.

Parmi leurs victimes, se trouvait une excellente et grosse dame, d'âge respectable, de toilette sévère mais assez élégante, aux cheveux gris roulés en bandeaux de chaque côté du visage, un peu à l'ancienne mode. Le vice-président lui demandait, en sa qualité de témoin, de faire connaître ses nom, prénoms, âge, profession et domicile.

A ce moment, et avant que la bonne femme eût ouvert la bouche, Michon crut devoir intervenir avec un petit air dégagé et presque moqueur : « M. le Président, dit-il, Mme Mathieu habite Saint-Mandé, et elle fait des noces... ! »

Le magistrat eut un sursaut indigné : « Comment, dit-il au prévenu, ce n'est point assez que vous ayiez escroqué cette respectable dame ; vous osez encore venir l'insulter à l'audience, l'accuser d'inconduite, suspecter sa moralité ! Allez vous asseoir ! »

Mme Mathieu, consciente de son inattaquable réputation, n'avait point songé à protester ; elle dit simplement :

« M. le Président, M. Michon veut probablement dire que je fais des *repas de noces*. Je tiens à Saint-Mandé un hôtel-restaurant où se font des réunions de famille et des banquets de société.

— Ah ! très bien ! dit le bon M. Maloret ; cette fois je comprends mieux... »

En réalité, l'excellente hôtelière avait pendant deux mois somptueusement hébergé et alimenté les époux Michon, qui l'avaient brusquement quittée et lui avaient écrit leur intention de la régler sur le montant d'une future succession...

Vous ne vous étonnerez pas, et il vous importe assez peu d'apprendre que les époux Michon s'en tirèrent avec quelques années de prison qu'ils purent réduire par l'encellulement ; après quoi, sans doute, mûris par l'expérience, ils reprirent avec plus de prudence leur fructueuse et internationale exploitation.

LE DINER PRÉSIDENTIEL

Deux affaires avaient été portées au rôle de la journée des Assises de la Marne.

La première, féconde en surprises et en incidents, s'était prolongée bien au delà des prévisions, et il était plus de six heures et demie quand la Cour reprit séance pour la seconde affaire.

Il s'agissait d'une série de cambriolages imputés à un malandrin qui n'en était ni à son coup d'essai, ni à sa première condamnation ; il avait la bonne fortune d'avoir comme défenseur notre jeune et dévoué confrère, Me Dupont d'Arras. L'affaire en soi était plutôt banale et semblait devoir s'expédier assez rapidement, sous cette réserve toutefois qu'un nombre considérable de témoins pouvait donner à craindre quelque fâcheux attardement.

Après la lecture de l'acte d'accusation et l'appel des témoins, et dès le début même de l'interrogatoire, Mᵉ Dupont d'Arras se leva et déposa des conclusions à fin de sursis et d'examen mental de son client. Il produisit un vague certificat d'une infirmière d'hôpital, dont la signature illisible équivalait à un complet anonymat, affirmant que dans son enfance l'accusé avait eu une fièvre quelconque. Mon confrère ne se faisait pas grande illusion sur le sort de l'incident qu'il avait soulevé uniquement par devoir professionnel et pour satisfaire aux exigences de son client lui-même. Présent à l'audience, je partageais absolument sa certitude de voir rejeter ses conclusions. Je savais par expérience ce que pèsent généralement de semblables réquisitions, et je crois l'avoir démontré au cours de ces souvenirs.

Nous fumes donc un peu surpris quand nous entendîmes le Président déclarer que la Cour allait se retirer « pour en délibérer ». Mais l'honorable conseiller, très scrupuleux de la forme, ne se permettait jamais de rendre l'arrêt incident, même le plus simple, sans en établir un texte soigneusement préparé. Ce n'était donc pour nous qu'une simple question de rédaction.

Pendant la suspension d'audience, le distingué substitut qui occupait le siège du ministère public, devisant familièrement avec Dupont d'Arras et moi, ne croyait pas plus que nous à l'admission des conclusions de mon confrère ; et il ajoutait d'un ton fort ennuyé :

« Nous voilà bien ! Nous en tenons jusqu'à dix heures du soir, au moins, et s'il ne survient aucun incident nouveau en cours de route. Or, il y a quelqu'un qui va se trouver dans un extrême embarras : c'est notre excellent Président du Tribunal et l'aimable Mme Jalenques, qui offrent ce soir, à sept heures, un grand dîner au Président des Assises, auquel sont conviés les magistrats. Le dîner, qui devait être exquis, menace de tourner en réveillon de minuit ; la crème d'orge se sera sérieusement concentrée ; le turbot fera une tête !... ; le dindonneau sera fort amaigri ; les perdreaux reposeront sur un canapé de cendre ; la glace, en cascades. Ah ! je ne voudrais pas être à la place du grand Vatel rémois. Il est vrai que c'est déjà bien assez d'être à la mienne en ce moment. Dire qu'au lieu de tourner ici la meule du réquisitoire banal, nous devrions être en nos cabinets de toilette, à diamanter nos plastrons, à passer le frac inélégant, mais de rigueur, à fixer la cravate blanche immaculée sur le faux-col de huit centimètres. Enfin, le devoir avant tout, mes enfants ; le devoir, il n'y a que ça. Pauvre Mme Jalenques ! dans quel état va-t-elle être ? »

A ce moment je crus devoir intervenir :

« Voyons, M. le Substitut, ne vous frappez pas ainsi. J'ai dans l'idée que sur le coup de sept heures et demie au plus tard, vous serez au poste, non de police, mais devant le couvert fleuri qui vous attend à l'Hôtel de la Présidence, en tête-à-tête avec la douzaine de Marennes ou d'Ostende destinée à vous mettre en bel appétit. Vous comprenez bien que pour rien au monde, M. le Président des Assises, qui est un homme bien élevé, ne voudra causer à Mme Jalenques une telle déconvenue. »

J'avais à peine posé cette réflexion que la sonnette annonçait la rentrée de la Cour. Au milieu du silence le plus profond, le Président donnait lecture de l'arrêt suivant :

« La Cour,

« Rendant hommage à la perspicacité intel-

« ligente de l'honorable défenseur, et à l'op-
« portunité de ses conclusions incidentes,

« Considérant que le premier devoir de la
« Magistrature française est de maintenir la
« haute réputation de courtoisie et de galan-
« terie dont elle s'honore,

« Que la Cour ne saurait, sans manquer
« à ce devoir primordial, consentir au moindre
« retard à répondre à la gracieuse invitation
« dont elle est l'objet.

« Par ces motifs,

« Dit qu'il sera procédé par le docteur X...
« commis à cet effet, à l'examen mental de
« l'accusé,

« Remet en conséquence l'affaire à une
« session ultérieure.

« L'audience est levée. »

La loyauté m'oblige à confesser ce que le
lecteur sans doute avait déjà deviné, à savoir
que les motifs de l'arrêt ne furent point tout à
fait ceux que vient de dicter ma fantaisie.
Mais le dispositif en est absolument exact.

Le dîner fut servi ponctuellement à l'heure ;
le menu fut luculléen ; les convives charmants
et de belle humeur. L'arrêt de sursis y fut

gaiement commenté avec accompagnement de compliments à l'adresse. de mon excellent confrère sur son merveilleux esprit d'à-propos.

Quant à l'accusé, il prit la chose avec une sereine philosophie. Le médecin légiste fut presque sur le point de le déclarer irresponsable; mais au dernier moment, une boutade de son sujet le détermina à trouver à celui-ci une lucidité intégrale. Le pauvre diable s'en tira avec deux années de prison sur lesquelles s'imputa la prolongation de sa prévention.

L'histoire se solutionna donc à la satisfaction de tout le monde, y compris les témoins qui reçurent double taxe.

Tout de même, cela ne valait-il pas mieux que de laisser refroidir le dîner de Madame la Présidente?

LE CHAMEAU

C'est une justice à rendre à notre magistrature française ; bien que depuis trente ans l'axe de son recrutement ait été sensiblement déplacé, elle se signale encore par la courtoisie de ses rapports, par le bon ton de son allure, par une distinction professionnelle très appréciable, exempte de vulgarité.

Sauf peut-être en ce dernier point, M. le substitut X... lui-même ne dérogeait pas à ce portrait général du magistrat contemporain. Il était d'ailleurs intelligent, aimable et bon vivant, toujours satisfait de lui-même et même des autres. Il a d'ailleurs fait une très brillante carrière.

Seulement, il affectait, jusqu'à l'audience, des familiarités quelquefois bien amusantes.

Il requérait un jour, à la Police correctionnelle, contre un assez pauvre diable, encore jeune, que j'assistais et qui était prévenu d'escroqueries. Ce délinquant un peu naïf avait eu recours, pour mieux capter la confiance de ses victimes, à un stratagème qu'il croyait de nature à leur en imposer. Il leur racontait une biographie de la plus haute et de la plus triste fantaisie : il était l'orphelin délaissé d'une grande famille de très authentique aristocratie, et il promenait un arbre généalogique où il figurait comme baron de je ne sais plus trop quoi.

J'entends encore le familier substitut stigmatisant mon humble client et, emporté par la véhémence de son trop libre langage, l'apostropher ainsi :

« Toi, un aristo ! Toi, un baron ! Ben, j' te crois. »

Ce tutoiement inattendu, même sur les lèvres peu pincées du jovial magistrat, qui, je dois le dire, n'en avait pas l'habitude, fit à l'audience une certaine sensation.

*
* *

Mais si nos excellents juges ont en général beaucoup de réserve et de dignité, ce n'est point les diminuer dans l'estime à laquelle ils ont droit que dè dire qu'ils sont, au moins autant que leurs devanciers, demeurés étrangers et facilement surpris à l'égard de tout ce qui touche aux mœurs, au langage, aux coutumes, en un mot à la mentalité des gens du peuple ou de la campagne dont ils ont souvent, soit au civil, soit au correctionnel, à juger la conduite et les actes. En sorte que la moindre expression appartenant à l'idiome populaire provoque de leur part des étonnements confinant presque à la naïveté.

Une ouvrière de faubourg, produisant sa déposition à une enquête de divorce, relatait une scène de violences entre les deux époux : « J'étais, disait-elle, à côté d'eux, demeurant « sur le même *carré*, quand l'homme a *collé* « à sa femme un *gnon* en pleine figure. »

Assurément, le langage de ce témoin manquait d'élégance académique ; il fleurait pleinement l'argot populaire. On ne peut demander à tout le monde, même au magistrat, d'en connaître le vocabulaire intégral. Pourtant ces expressions étaient de celles que peuvent comprendre ceux qui ont quelques rapports avec les gens modestes du monde du travail.

Le juge enquêteur en demeurait absolument troublé. Un carré ? Qu'est-ce que cela pouvait être ?

Il lui fut expliqué que le *carré* est le palier des étages où s'ouvrent les humbles logis.

Il ne connaissait, en ce genre, que les antichambres, les vestibules et les galeries des appartements distingués.

Quant à lui faire comprendre ce qu'était ce *gnon*, qui venait se *coller* comme un pain à cacheter de belle ampleur sur le visage uxoral, ce fut plus difficile. J'ai cependant quelque fierté de dire que nous fûmes assez heureux d'y parvenir.

La palme de ces étonnements un peu ahuris revient sans doute à ce bon magistrat qui siègeait à Reims.... il y a longtemps, et que son esprit distingué, ses distractions proverbiales, ses tendances aux méditations poétiques tenaient assez éloigné des réalités pratiques de la vie.

Présidant la Police correctionnelle, il interrogeait un prévenu quelconque traduit pour outrages, rébellion et ivresse. Soudain, il fait dans le dossier une trouvaille inattendue :

« Dites donc, prévenu, il paraît que vous ne vous êtes pas contenté d'outrager les agents de la force publique et de leur faire rébellion ; vous vous êtes encore livré à des actes non moins répréhensibles, que je m'étonne de ne pas voir relever par le Ministère public...,..

— ?.....

— Vous vous êtes jeté sur les gendarmes, et vous avez lacéré les effets du Gouvernement.

— Moi ? Jamais de la vie.

— Comment, vous osez nier ? Tenez, voici ce que je lis textuellement au procès-verbal :

« Le nommé X...., après nous avoir opposé « la plus vive résistance et nous avoir prodigué « les insultes de toute nature, s'est livré à des « gestes grossiers et méprisants..... *il nous a* « *taillé une basane.....* »

— Le reconnaissez-vous, cette fois ? »

Le prévenu baissa la tête et ne répondit point, ce qui, sans doute, équivalait à un aveu.

Le gendarme de service souriait dans sa forte moustache.

** **

Vous vous demandez en tout cela où est le chameau. J'y arrive sans vous le faire plus attendre.

Son souvenir appartient bien à ce chapitre
où je me suis plu à peindre, sans malveillance
— on voudra bien le reconnaître, — les effare-
ments de nos bons magistrats devant certaines
locutions parfois trop imagées du langage
populaire.

Une bonne femme de la campagne déposait
comme témoin à la Police correctionnelle
présidée par le digne M. Maloret. Selon l'usage
des braves gens du peuple, qui tiennent généralement, en pareil cas, à vous faire connaître
le nombre de « *tournées* » qu'ils ont payées ou
acceptées, l'honnête paysanne entreprenait un
récit n'ayant avec les faits du procès qu'une
parenté lointaine. Elle débutait ainsi :

« J'étais devant ma porte. J'attendais ma
« petite fille que j'avais envoyée faire une
« course très pressée. La voyant revenir lente-
« ment et en s'amusant, je lui criai de loin :
« Eh ! *petit chameau*, dépêche-toi donc.
« Alors... »

Mais l'honnête et distingué magistrat avait
sursauté d'indignation :

« Comment ? est-ce que j'ai bien entendu ?
« Vous avez traité votre enfant de *chameau* ?

« C'est vraiment inconcevable ! On n'imagine
« pas à notre époque une pareille dépra-
« vation... »

J'eus l'audace d'intervenir : « Mon Dieu,
« M. le Président, je reconnais avec vous que,
« le terme manque de distinction. Il est certain
« que *ni vous ni moi*, nous ne traitons nos
« enfants de la sorte. Mais ici, nous sommes
« en pleine vie rurale où le langage courant
« admet une liberté d'expression dont il ne
« faut pas nous scandaliser ; — où les mots
« n'ont pas la même portée que dans un autre
« milieu. Evidemment, dans l'idiome urbain,
« le terme employé par cette bonne femme et
« appliqué à une personne, exprimera le plus
« profond mépris ; mais aux champs, adressée
« par une excellente mère à son jeune enfant,
« n'est-ce pas plutôt un petit nom d'amitié ? »

Le sympathique M. Maloret, qui était un bon
père de famille, ne parut point absolument
convaincu de mon interprétation. Je vis qu'il
avait quelque peine à digérer le « chameau »
même à la sauce affectueuse ; — et je doute
fort qu'il ait consenti à l'introduire à son foyer.

FERDINAND PIÉTON

Je crois avoir déjà précisé que ces « Notes et Souvenirs » n'ambitionnent pas de s'ériger à la hauteur d'une « Galerie d'Ancêtres ». — Leur allure, plutôt et volontairement légère, ou cherchant à l'être, s'accommoderait mal du sérieux et de la gravité que le respect filial et historique m'obligerait à donner à des portraits « en pied ».

J'ai voulu surtout montrer à nos jeunes confrères du présent ou de l'avenir, sous les yeux de qui ces pages pourraient par hasard tomber — car tout est possible en ce monde, — et qui peut-être ne savent plus assez sourire, ce qu'étaient, aux heures des délassements nécessaires, nos anciens ; combien, hommes d'affaires consommés, de réflexion profonde, d'une érudition et d'une activité prodigieuses, ils étaient simplement, enfantinement heureux d'un bon mot, d'une aventure plaisante, d'un trait finement malicieux.

Et puisque je veux les signaler par ces aspects particuliers, je dois une place de choix à celui qui est demeuré le type le plus achevé, le plus profondément sympathique, de l'esprit délicat, de la bonhomie souriante, de la forme harmonieuse, spirituelle, impeccable, correcte, séduisante, charmeuse, académique : j'ai nommé le bon, l'excellent Ferdinand Piéton.

Certes, il ne fut point, du moins d'habitude, un ironiste ; son incomparable charité de jugement à l'égard de tous était telle qu'il eût été incapable de tenter même une égratignure.

Mais de quelle joie saine et naïve s'illuminait son petit œil au regard vif et scrutateur, quand, l'entourant à la « parlotte » d'une affection quasi-filiale, et l'appelant familièrement du nom de « Pépère » que tolérait son indulgente bonté, nous lui apportions la récolte, glanée à son intention, de mots heureux, d'aventures fantaisistes, de traits d'audience, dont nous le savions positivement friand ! Que de bonnes heures nous avons ainsi vécues au foyer commun, en attendant notre tour de parole !

Une biographie complète et digne de sa mémoire mettrait évidemment en lumière ses

qualités professionnelles de premier ordre :
sa science profonde, sa prudence consommée,
son travail consciencieux, sa loyauté scrupuleuse, sa courtoisie sereine, sa patience inlas-
sable, son respectueux attachement aux traditions, ses succès considérables ; elle retiendrait
les facultés extérieures dont il était remarquablement doué, sa physionomie intelligente et
fine, sa parole claire, nette, douce, chantante ;
sa diction d'une pureté absolument irréprochable, sa communicative émotivité, son langage par-dessus tout élégant, châtié, fleuri.
Elle ne pourrait manquer de dire aussi la
dignité de sa vie, sa résignation forte et calme
sous les coups répétés des épreuves les plus
imméritées.

Mais peut-être est-ce dans les quelques
incidents menus de sa carrière, auxquels nous
nous réservons plus modestement, que nous
surprendrons mieux les générosités, les déli-
catesses et les vertus de cette attrayante nature
dont les deux caractères dominants furent,
sans aucun doute, l'inaltérable bonté et l'invincible modestie.

Veuillez lever les yeux, Confrères, en notre
Bibliothèque, vers ce burin minutieux et fidèle

que nous a laissé de lui l'excellent graveur Varin. Ce n'est plus évidemment le Piéton des premières années, aux traits menus et délicats. Ce portrait a été pour nous toute une affaire. Nous nous demandions s'il fallait le faire exécuter en toge et rabat, ou en bon vieillard patriarcalement coiffé de la toque de velours. Nous avons préféré cette seconde alternative, comme nous conservant mieux quelque chose, au moins un vestige perceptible, un souvenir de cette bonté si fine et souriante, si vraiment paternelle que nous avions connue dans son épanouissement.

*

La modestie de Mᵉ F. Piéton est demeurée parmi nous proverbialement légendaire. Ce n'était point la fausse et obséquieuse humilité dont se couvre trop souvent l'amour-propre hypocrite : il était la droiture même. Ce n'était point absence de dignité, que l'on prend parfois pour de la modestie dans des natures bonnes, mais de sentiments ordinaires; il avait une âme d'inspirations élevées. Ce n'était même point la défiance de soi-même qui est une véritable faiblesse morale : il avait légitimement conscience de sa valeur.

Non, la modestie de F. Piéton était faite surtout de cette délicatesse intime, presque constitutionnelle, que nous trouvions même excessive, qui lui faisait craindre à tout instant de manquer à un devoir ou à une tradition dont il était l'esclave ; de cette bonté foncière qui l'inclinait vers tous, sans distinction, avec la même courtoisie ; les clients indigents et quelquefois même de peu attrayant aspect, étaient accueillis par lui avec une douceur, une charité, une patience inaltérables.

Elle était faite aussi de cette vision saine et juste, que n'auront jamais les orgueilleux imbéciles dont le monde est rempli, à savoir que l'homme le plus intelligent est encore un bien minuscule atome, qui n'a pas lieu de s'exalter extraordinairement quand il se place devant les obscurités immenses de ce qu'il ignore. Combien de fois ai-je entendu Piéton me dire à moi-même : « Ah ! mon bon ami, « nous n'avons pas le droit d'être bien fiers de « notre science ; après vingt ou trente ans de « notre profession, nous ne savons que peu « de chose ; et, devant le plus humble de nos « clients, nous sommes immobilisés et désem-

« parés par la question en apparence la plus
« sottement élémentaire ! »

Ce sentiment de modestie délicate, tradi-
tionaliste, le conduisait aux plus complets
effacements. Il se glissait silencieux et sans
bruit à la dernière place. Naturellement il
arrivait à l'audience le tout premier, et toujours plus d'un quart d'heure à l'avance.

Quand le rôle était épuisé, et que nous nous
étions échappés comme des écoliers libérés, il
demeurait seul à son banc pour entendre,
debout et respectueux, des jugements de forme,
sur requête, qui ne l'intéressaient pas du tout ;
mais il nous déclarait « qu'il n'était pas
convenable » de ne pas tenir compagnie au
Tribunal et de lui laisser rendre, quelles
qu'elles fussent, ses décisions devant nos
banquettes vides.

Plusieurs fois j'eus l'honneur de l'accom-
pagner et de plaider contre lui à Paris. Je le
vois toujours humblement et patiemment
assis à la porte non encore ouverte des
Chambres de la Cour, et saluant d'un bon
sourire au passage les garçons de chambre qui
tous d'ailleurs le connaissaient.

Modeste, ai-je besoin de dire qu'il l'était dans sa tenue extérieure, invariablement grave et correcte. Presque toujours il portait la cravate blanche. Jamais il n'aurait osé se présenter au Palais autrement qu'en vêtement uniformément noir ; et son œil malicieux et inquisiteur exprimait, appuyé d'un « oh ! » outrageusement choqué, la réprobation du veston — fût-il sombre, — du pantalon de fantaisie, de la chaussure jaune d'été, de la cravate nuancée dont notre jeunesse audacieuse lui offrait le regrettable spectacle ; — et il est mort, ce bon Piéton, sans nous avoir pardonné, lui, l'indulgence même, le modernisme de la moustache relevée ou de la barbe en pointe.

Mais c'est surtout sur le chapitre des honoraires que sévissait l'incurable modestie de Piéton. Sa modération à cet égard et sa discrétion étaient telles que, chez tout autre, nous eussions pu y voir des moyens de « concurrence blâmable ».

Voudra-t-on croire que dans une affaire qui l'avait, par deux fois, appelé à l'audience à Epernay, il osa demander à un client d'ailleurs plus que solvable, la somme invraisemblable, déboursés compris, de vingt-cinq francs. Ce jour-là, je crois bien que nous l'avons traité de turc, d'usurier, de buveur de sang s'engraissant des dépouilles de son prochain, et d'autres aménités du même genre.

On ne s'étonnera pas que cette infirmité fût exploitée contre lui par des plaideurs indélicats, et non des moindres, qui après l'avoir chargé de défendre leurs sacs d'écus, oubliaient de lui demander la fixation de ses honoraires, qu'un culte de la tradition ne lui permettait pas de réclamer.

Et quand, à la sollicitation expresse des avoués, il se résignait à porter un chiffre à la cote du dossier, ce chiffre était tel que, à son insu bien entendu, et par un sentiment de justice, d'humanité et même de dignité pour lui, ils se croyaient obligés et ils avaient raison de fortifier ce chiffre d'un zéro à la suite où d'un un en avant ; sans quoi Piéton se serait laissé mourir d'inanition.

Je n'oublierai jamais cette petite scène à laquelle j'assistai en son cabinet. Piéton avait plaidé devant le Tribunal civil, pour une Municipalité des environs, c'est-à-dire pour un client impersonnel à l'égard de qui n'intervenait guère une question de sentiment, un

procès délicat touchant aux matières assez
rarement explorées du Code forestier ; il s'agissait de la revendication de coupes importantes
de forêts, je crois. Le jugement ne lui fut pas
favorable.

Mais le maire de la commune, conscient de
la valeur de Me Piéton, et ne songeant
nullement à lui imputer cet insuccès, vint le
remercier de son concours et le prier de vouloir
bien lui faire connaître le montant de ses
honoraires. Je vois encore le bon Piéton lui
mettant amicalement la main à l'épaule et lui
disant avec un apitoiement sincère : « Ah !
« M. le Maire, ne parlons pas de cela. Vous
« êtes déjà bien assez malheureux d'avoir
« perdu votre procès ! » J'ai vu le moment où
Piéton allait tirer de sa poche un louis pour
les pauvres de la commune. On eut toutes les
peines du monde à lui faire accepter quarante
francs dont le préfet ne biffa point l'article au
budget municipal.

Cette modération était d'autant plus parado-
xale que Piéton avait une valeur professionnelle
dont la réputation méritée débordait au loin en
dehors de Reims et le plaçait à l'égal des grands

maîtres de Paris, ayant tous pour lui une profonde estime. Je l'ai représenté comme saluant humblement les honnêtes garçons de chambre ; mais en revanche, il ne passait point un magistrat d'ordre élevé, un avocat en renom, dont le nom et la science faisaient autorité, qui ne s'arrêtât en rencontrant Piéton et qui ne témoignât à ce petit et modeste confrère de province un sentiment visible, chaleureux et sincère, de cordiale et déférente sympathie.

Nous avions un ami commun, que lui aussi, le deuil et les épreuves ont su trouver au milieu d'une prospérité joyeuse qui paraissait l'en préserver : Me M..... G....., avoué à la Cour de Paris. J'entends celui-ci disant un jour à F. Piéton d'un ton semi-plaisant et semi-sérieux :

« Voyons, Piéton, j'ai à vous faire une proposition honnête qui ne peut que vous séduire. Si vous voulez vous y prêter, je vous installerai à Paris, confortablement, comme une petite maîtresse. Vous vous inscrirez au barreau de la Cour. Je me charge d'alimenter votre cabinet d'affaires productives. Seulement, c'est moi qui fixerai et percevrai vos honoraires ; je vous en donnerai la moitié, et je garderai le reste ; j'estime que ce serait bien le diable si ce reste ne représentait pas pour moi une centaine de mille francs ; dans ces conditions, je vendrais mon Etude et pourrais me reposer. »

Piéton parut presque choqué de ces propositions inconvenantes. Il continua de végéter dans sa modestie, n'arrivant pas même à gagner de quoi vivre.

UNE LUTTE INÉGALE

Incapable d'égratigner, ai-je affirmé. Oui, tel était bien notre excellent Piéton. Ce n'est pas à dire qu'il fût insensible aux attaques personnelles et désarmé pour la riposte. A vrai dire, aucun de nous, pas plus à la barre qu'au coin du feu, n'eût voulu lui faire une peine, si minime fût-elle, qui pût être une blessure. Quand parfois il recevait, dans les ardeurs inévitables de la lutte, un javelot un peu trop vif, mais jamais empoisonné, il le renvoyait à l'adversaire avec une adresse, une finesse malicieuse, académique et courtoise dont l'effet était plus certain que celui d'un coup de massue.

Au début de sa carrière, il avait été appelé à Epernay dans une affaire de quelque impor- tance où il devait se mesurer avec un considé-

rable adversaire, un grand maître du Barreau
de Paris, qui devait être plus tard ministre de
la Justice du Second Empire.

En trouvant de l'autre côté de la barre un
jouvenceau fluet et timide, qui ne pouvait
manquer d'être impressionné par une rencontre
aussi disproportionnée, le majestueux avocat
de la capitale s'offrit le plaisir peu généreux
d'ironiser le modeste stagiaire, de le diminuer
devant le Tribunal et dans l'esprit de l'auditoire
nombreux et distingué, attiré tout à la fois par
la nature de la cause, et par le renom du grand
maître ; et de l'écraser sous le poids dédaigneux
de sa proéminente supériorité. « Le Tribunal
« m'approuvera de ne point vouloir, en un
« débat forcément inégal, abuser de l'inexpé-
« rience visible de mon très jeune confrère.....
« Il m'excusera de descendre, pour aider à sa
« connaissance évidemment imparfaite des
« affaires, à des explications plus précises et
« pour lui seul nécessaires..... Je pense que la
« vie professionnelle, qui est une grande
« école, formera et fortifiera les débuts hési-
« tants de mon bien jeune contradicteur,
« etc... etc... »

Tant et si bien que, quand il daigna s'asseoir,
l'illustre Maître avait réduit ce pauvre petit

Piéton à l'état de boulette. Il le pouvait d'autant mieux croire que celui-ci semblait s'être replié, recroquevillé, affalé sur son banc, et ne plus pouvoir sortir de son anéantissement.

Cependant le visage juvénile et poupin du jeune stagiaire s'était fugitivement coloré de la rougeur d'une certaine émotion. Son œil mi-clos et toujours souriant s'était un instant éclairé d'une lueur un peu étrange.

A son tour, il se leva. De sa petite voix claire, harmonieuse, d'enfant de chœur, il consacra quelques phrases de consciente humilité à l'éloge du Maître réputé, auquel il osait disputer la victoire d'un procès délicat; confessa (ainsi qu'il le devait faire toute sa vie) les lacunes de sa trop jeune expérience. Il lui semblait pourtant que la jeunesse avait droit peut-être à plus d'indulgence de la part de ceux que la carrière avait comblés... Puis, tout à coup, sans élever le ton, mais en donnant à sa parole une accentuation plus scandée et moqueuse, il se mit à « rouler, à ramasser, à découper », comme vous voudrez, le grand confrère, le Garde des Sceaux futur, avec une verve tranquille, mais cinglante, ironique, malicieuse, caustique. C'était un déluge de

coups d'épingles finement aiguisées, péné-
trantes, sans, merci, qui eurent tôt fait de
mettre du côté du « jeune défendeur » les
rieurs de l'auditoire et même du Tribunal,
assez satisfaits en somme de l'amusant incident
et de la verte leçon donnée au grand Lion
parisien, aveuglé et désemparé par le mou-
cheron provincial.

Quand il eut suffisamment savouré ce mets
de la vengeance qui demande à être mangé
chaud et qui est exquis, quand il est légitime
comme en l'espèce, le petit avocat champenois
aborda cette fois la discussion du fond. Il le
fit avec cette lucidité merveilleuse d'arguments
et d'expression, cette méthode, cette science,
cette élégance que nous avons tant de fois
admirées.

A la fin de l'audience, le grand Maître de
Paris ne confia à qui que ce fût ses impres-
sions dernières. Il fila, comme le vent, par
une porte dérobée, sans saluer personne, de
l'allure hâtive d'un monsieur très pressé de
reprendre le train, — ou bien de celle d'un
lutteur forain qui a... reçu son compte du
petit fantassin de passage.

UN INTRUS

Ce qu'était pour nous le bon « Pépère »,
ce nom filial que nous lui donnions le dit
assez; nous étions pour lui et auprès de lui de
véritables enfants auxquels il prodiguait les
sourires, les services, les leçons de l'expérience, les sages conseils de la prudence la
plus consommée.

Mais nous étions peut-être des enfants assez
espiègles. Comment avons-nous pu le taquiner
parfois ainsi que nous nous sommes laissé aller
à le faire ?

Je venais d'avoir l'honneur, pour la première fois, d'être appelé par la bienveillance
de mes confrères au Conseil de l'Ordre, et
chargé des fonctions de secrétaire. A ce titre,
j'avais à ma disposition les archives du Barreau et notamment le vénérable Registre de

ses délibérations tenu avec un soin remarquable depuis 1830. Je l'avais parcouru avec une curiosité familiale bien permise, et cette lecture m'avait fourni l'occasion de susciter à notre bon Piéton une plaisante histoire.

Entrant un jour à la parlotte, où il arrivait toujours le premier, je le trouvai tranquillement assis et déjà entouré de quelques-uns de nos confrères. Je manifestai, en le voyant, une feinte surprise :

« Tiens, lui dis-je, qu'est-ce que vous faites ici ?

— Singulière question de votre part, me répondit-il. Vous savez mieux que personne que je viens attendre mon tour de plaider, puisque précisément je dois aujourd'hui même concerter avec vous à la barre.

— Vous voulez plaider ici, vous ? Mais enfin, à quel titre, je vous prie ? A quel barreau appartenez-vous ?

— Je ne comprends pas votre question, murmura-t-il avec douceur, mais du ton de quelqu'un qui la trouvait certainement inepte. Au surplus, ajouta-t-il, c'est bien simple, consultez le tableau.

— Le tableau ! Ah ! mon cher Monsieur, c'est bien là que je vous attendais. Le tableau ! mais vous n'avez aucun droit d'y figurer, et votre nom n'a pu y prendre place que par le fait d'une inconcevable erreur dont le temps même ne saurait consacrer ni justifier le scandale.

— ...De moins en moins, » gémissait Piéton d'un air un moqueur.

Je continuai imperturbable : « Et quand cette erreur, par suite d'une inattention initiale qui s'est malheureusement perpétuée, serait devenue l'erreur de tous, une sorte d'erreur traditionnelle à votre profit, croyez-vous qu'elle puisse vous constituer un titre ? Entendez-vous soutenir, ce qui serait monstrueux, le brocard : *Error communis facit jus?*

— Mais enfin, me dit-il, d'un air légèrement impatienté, bien que demeuré souriant, expliquez-vous plus clairement. Je donne ma langue au chat.

— Ah ! vous voulez une explication ? Vous allez la recevoir. — Voyons, mon cher M. Piéton, — permettez que, pour l'instant, je ne vous nomme point mon cher confrère ; — voilà près. de trente-cinq ou quarante ans, si je ne me trompe, qu'on vous voit presque chaque jour, gravir les degrés du Palais, vous revêtir de la robe et de l'hermine, vous asseoir au banc des avocats, multiplier vos plaidoiries au mérite et au charme desquelles je veux bien rendre hommage.

Vous avez été pendant nombre d'années membre du Conseil de l'Ordre, auquel même vous appartenez encore ; sept ou huit fois peut-être vous avez été appelé à l'honneur du Bâtonnat ; vous avez dû, à maintes reprises, comme bâtonnier ou comme ancien, compléter le Tribunal, prononcer des discours, repré-senter l'Ordre aux cérémonies et aux réceptions officielles.

Or, j'ai le regret de vous le dire : personne ici ne peut savoir quand et par quelle porte vous êtes entré au Barreau de Reims ; je défie qui que ce soit de trouver en notre respectable Registre une trace quelconque de votre admission ; et il m'est pénible, il nous sera pénible à tous de penser que vous, le Maître si respecté, l'Ancien si sincèrement affectionné, vous nous infligez la douleur d'une pareille déception, et qu'en somme vous n'avez pu vous introduire ici que subrepticement, à la faveur de nous ne savons quel lointain et obscur subterfuge. Ah ! vous êtes un habile homme ! A qui donc, mon Dieu, pourrons-nous désormais nous fier ? »

Le pauvre Piéton avait écouté ce discours inattendu avec stupéfaction ; dans sa bonne figure rougissante, ses yeux s'arrondissaient en un ahurissement comique.

Je retournai cruellement le fer dans la plaie :

« Voyons, ajoutai-je plus condescendant, il y a peut-être moyen d'arranger tout cela ; vous infliger une exclusion brutale serait vous frapper d'un déshonneur public qui rejaillirait d'ailleurs sur le Barreau. Si vous y consentez, je vais proposer au Conseil de vous demander simplement..... de recommencer votre stage. Il n'est jamais trop tard pour bien faire. »

Sur cette dernière boutade, la galerie des confrères, attentifs et intrigués, s'esclaffa en un rire sonore, comprenant bien qu'il y avait là un « bateau » monté à notre malheureux « Pépère » qui demeurait silencieux et troublé.

L'assurance de mon discours l'avait conduit à douter, après plus de trente-cinq ans d'exercice professionnel, de la validité et de la légitimité de sa présence au Palais.

Ce qu'il y a de plus curieux en l'affaire,

c'est que mes affirmations étaient rigoureusement exactes ; j'en fis d'ailleurs vérifier par la victime elle-même l'absolue certitude. A aucun de ses feuillets, le Registre des délibérations ne présentait une mention, si sommaire que ce fût, de l'admission de Ferdinand Piéton comme avocat à Reims.

Une recherche un peu suivie me procura, sans trop de peine, la clé de cette angoissante énigme. Notre excellent maître et confrère, ayant terminé son stage à Paris, était venu s'installer à Reims, pour y ouvrir un cabinet d'avocat, en 1853. A cette époque, le nombre des avocats en notre ville était insuffisant pour permettre la constitution d'un Barreau ; et, selon les Ordonnances, l'agrément définitif comme avocat à la barre d'un tribunal était l'objet d'une décision de celui-ci.

Une fois ou deux, dans les années antérieures, cette situation s'était présentée, notamment, je crois, pour notre grand confrère, Mᵉ Henri Paris. Et plus tard, quand l'Ordre pouvait être reconstitué, le Registre du Barreau recevait une mention de la délibération du tribunal ayant accueilli un avocat à sa barre.

Or, à l'époque concomitante à celle de l'arrivée de F. Piéton à Reims, époque où le

Barreau n'était point organisé, je constatai au Registre de l'Ordre un blanc, un vide qui éveillèrent mes soupçons. Avec la permission facilement obtenue de M. le Président Jalenques, et la complaisante collaboration de mon vieil ami d'enfance, le greffier en chef G. Villain, je retrouvai facilement aux délibérations du tribunal la décision du 9 novembre 1853, admettant F. Piéton comme avocat à la barre de Reims. Je m'empressai d'en porter la mention à notre Registre et d'en remplir le cadre en blanc ménagé précisément pour la recevoir.

Ainsi, et à la satisfaction générale, se termina cette petite comédie. Elle avait fait passer à notre excellent et vénérable confrère un quart d'heure d'angoisse. J'en ai, même après de nombreuses années et malgré son généreux pardon, la conscience bourrelée de remords.

LE VAGABOND

Quelques années auparavant, notre excellent confrère Mᵉ F. Piéton avait été le héros ou la victime involontaire d'une autre petite aventure du même genre que celle que je viens de rapporter à son sujet, et qui semblait en avoir été le prologue.

La municipalité rémoise faisait préparer des listes destinées à je ne sais quelle opération de recensement spécial ou électoral. Elle avait chargé les agents de sa police de recueillir sur le compte des intéressés les renseignements utiles.

L'un de ces dévoués et modestes fonctionnaires s'était présenté, rue de Vesle, 27, demandant M. Piéton. La concierge dont a la bonne fortune d'être favorisé cet immeuble privilégié, lui répondit : « Monsieur Piéton ?... Pas ici. »

J'ignore quelle note mystérieuse l'honnête agent consigna sur ses feuilles.

A quelques jours de là, l'un de nos confrères arrêté par hasard devant une grande affiche blanche, administrative, contenant des listes de noms, témoignait publiquement de sa surprise intensive et joyeuse en lisant ce qui suit :

Piéton Ferdinand, avocat, *inconnu rue de Vesle, 27, et sans domicile ni résidence connus à Reims.*

Le brave et intelligent émissaire municipal avait sans doute mal entendu la réponse de Mme la Concierge et il avait traduit avec perspicacité : « Monsieur Piéton ? ce n'est pas ici. » Il était parti, la conscience satisfaite, et n'avait pas éprouvé le besoin d'en savoir davantage.

Il est à peine nécessaire de dire que depuis plusieurs années Piéton occupait et continuait d'occuper au n° 27 de la rue de Vesle le modeste appartement où tant de fois nous avons tous reçu son aimable accueil et profité de ses captivants entretiens.

Ce qui rend le trait plus piquant, c'est que Piéton était en somme une de ces notoriétés locales qu'il était difficile d'ignorer ; que si son nom et sa réputation avaient pu ne pas descendre jusqu'à la couche populaire à laquelle appartenait certainement l'agent au flair si pénétrant, il ne pouvait pas ne pas être connu aux bureaux de l'Hôtel de Ville. Assez longtemps, il avait été Conseiller municipal, il avait même été pendant quelques années Adjoint au Maire de Reims. *Sic transit gloria mundi.*

Je vous laisse à penser l'inexprimable plaisir que nous eûmes à nous emparer de l'incident :

« Dites-moi, Piéton, j'aurai quelques pièces à vous communiquer; où devrai-je vous les faire parvenir? Sous quel pont recevez-vous cette semaine ?

— Je suis bien désolé, mon pauvre ami, — lui dit un autre, — d'apprendre votre détresse et de savoir que vous êtes sans feu ni lieu. Permettez-moi de vous signaler à la bienveillance toute particulière de M. le Directeur de l'Asile de nuit.

— Cela devait arriver, insista un troisième, plus irrévérencieux encore. Notre confrère, que nous pensions si calme, d'humeur si paisible, était, paraît-il, d'un voisinage plutôt bruyant. Croiriez-vous qu'il passait ses nuits à

jouer, toutes fenêtres ouvertes, et inharmo-
nieusement, du cornet à piston ? Qui aurait
cru cela de lui, et à son âge? Il est devenu le
cauchemar des propriétaires, qui ont décrété
contre lui le *lock-out*. En sorte que le voilà en
état de vagabondage. »

Enfin, un loustic anonyme lui adressa ce
quatrain pas bien méchant :

> L'escargot porte sa maison ;
> L'araignée s'endort sur sa toile ;
> Mais plaignons ce pauvre Piéton,
> Lui qui couche à la belle étoile.

avec cette suscription :

Monsieur F. Piéton, *Avocat*,
Sans domicile connu,
27, rue de Vesle, Reims.

TROIS MUFLES

Maître F. Piéton avait été appelé à compléter
le Tribunal en une audience correctionnelle
présidée par l'excellent M. Maloret. Celui-ci
interrogeait un pâle voyou prévenu de vagabondage quelconque et lui demandait :

« Qu'est-ce que vous avez à dire pour votre
défense ?

— Ce que j'ai à dire ? — proféra l'intéressant
jeune homme, de cette voix éraillée, graillon-
neuse et traînarde qui caractérise cette classe
de chenapans de faubourg, — ce que j'ai à
dire pour ma défense ? Ben, c'est pas difficile,
vous êtes *trois* mufles. »

Il n'y a pas à le contester, le nombre y était.

Bien que d'un tempérament assez nerveux,
le bon M. Maloret ne bondit pas sous l'outrage.
Mais se tournant vers le pauvre Piéton : « Oh !
je suis vraiment désolé, mon cher Maître, de
ce qui vous arrive. Pour nous, magistrats,

nous y sommes habitués ; mais pour une fois
que vous nous faites l'honneur de vous asseoir
à nos côtés, vous n'avez pas de chance. »

Personne n'était plus heureux que notre
cher Piéton de rappeler ce trait de sa magistrature temporaire, en donnant à son récit des
intonations imitatives amusantes. Et il ajoutait
malicieusement :

« Si encore le prévenu n'avait point ainsi
déterminé le nombre….. j'aurais peut-être pu
me croire exonéré de sa flatteuse estime. Mais
il n'y a pas à dire, il a bien précisé : *Trois
mufles.* »

VOUS AVEZ UN JUGEMENT !

Ce n'est pas la seule aventure à laquelle l'ait exposé cette judicature passagère qui appelle parfois l'avocat le plus ancien à s'asseoir auprès des magistrats.

Celle-ci, toutefois, est en réalité plus flatteuse pour notre bon Maître Piéton, qui nous la racontait lui-même avec cette fine bonhomie et cette simplicité qui donnaient à son récit un charme si délicat.

Il avait donc eu à siéger en audience civile et à entendre les débats d'une affaire assez longue qui n'avait pris fin qu'à une heure avancée. Il était trop tard pour en entreprendre en chambre du Conseil la délibération qui fut renvoyée à la huitaine suivante.

Au jour dit, et sur l'invitation du Président de faire connaître le premier son opinion, Mᵉ Piéton avança, avec cette timidité déférente qu'il avait toujours devant les magistrats :
« Mais, M. le Président, j'ai préparé, sous

réserve de l'adhésion du Tribunal, un projet de jugement, et si vous le voulez bien, je vais en donner lecture.....

— Vous avez un jugement ? dit le Président. Oh ! mais c'est parfait. Si c'est ainsi, montons à l'audience.

— Cependant, M. le Président, je ne serais pas fâché.....

— Ce n'est vraiment pas la peine, insista le Président. Nous avons en vous la plus entière confiance. Vous avez un jugement ? Nous le lirons sur le siège. »

Et déjà le Président s'était précipité sur la sonnette ; l'huissier ouvrait la porte à deux battants..... « Le Tribunal ! »

Le Président et son collègue de droite connurent leur propre opinion par la lecture publique et décisive qu'ils firent de l'œuvre de Me Piéton, dont personne d'ailleurs, au point de vue juridique, n'eut à se plaindre.

Je pense que personne ne voudra voir dans ces révélations, que nous faisait lui-même avec tant de plaisir notre cher confrère Piéton, un manquement au secret des délibérations, puisque précisément, dans la circonstance, il n'y eut pas de délibération.

JUGEMENT IDIOT

Qu'on me permette de placer ici un souvenir personnel de ce qui m'est à moi-même arrivé dans une circonstance semblable.

J'avais eu l'honneur, comme ancien, d'être pour quelques heures magistrat d'occasion, ayant à connaître avec le vice-président, M. Maloret, et un jeune titulaire, M. Debuisson, qui venait d'arriver au siège, d'une affaire civile. Il s'agissait de difficultés de voisinage entre deux propriétaires. Le débat portait sur cinq points déterminés dont les quatre premiers étaient d'une absolue simplicité ; nous fûmes de suite en complet accord. Le cinquième se présentait un peu plus complexe, mais cependant encore assez facile à solutionner. En ma qualité de troisième juge, je fus invité à formuler le premier, sur ce point spécial, mon opinion. Après m'avoir entendu, le vice-président et son collègue voulurent bien se rallier à ma voix.

M. Maloret me proposa de partager avec lui
la rédaction du jugement. Il se chargerait des
considérants relatifs aux quatre premiers chefs
de l'instance ; il me laissait le soin de fixer les
termes de la décision quant au cinquième ; sur
quoi il nous donnait rendez-vous à l'audience
suivante.

Quand je me réunis de nouveau aux magistrats, le vice-président jugea inutile de prendre
en chambre du Conseil connaissance de mon
travail, qui n'avait été du reste qu'une simple
rédaction d'un avis concerté à l'avance. Nous
montâmes immédiatement sur le siège, et le
bon M. Maloret entreprit la lecture du jugement.

Pour les quatre premières parties, cela
marcha comme sur des roulettes ; il dévida ses
attendus avec cette volubilité un peu nerveuse
que nous lui connaissions.

Mais quand il arriva au cinquième point
dont la rédaction m'appartenait, ce fut une
autre affaire. Le pauvre président semblait
avoir une peine infinie à détacher de mes
considérants, pourtant si juridiques et si
soignés, des lambeaux qu'il défigurait lamentablement.

Il faut dire que le document était tombé de

ma plume à une époque où, malheureusement atteint de la crampe des écrivains, qui m'a pendant plusieurs années horriblement gêné, j'avais une écriture que moi-même j'avais quelque peine à déchiffrer. Elle était tremblotante et sénile, bien que je ne fusse point encore un vieillard, et assez semblable aux autographes d'un de nos anciens et des plus éminents bâtonniers, M⁰ Dupavillon, véritable confectionneur d'hiéroglyphes en tous genres.

Il me fallut bien venir au secours de l'infortuné M. Maloret et, penché vers lui, lui « souffler » mot à mot la lecture de cette cinquième partie du jugement dont je révélais ainsi fatalement le responsable auteur.

C'était une scène de pur vaudeville suscitant les sourires amusés des avocats, sauf un seul, présents à la barre.

Enfin, ce supplice eut un terme.

Malgré les difficultés, après tout simplement matérielles, d'un prononcé laborieux, je descendis les degrés du Tribunal pour reprendre ma place ordinaire au barreau, assez fier de mon œuvre et de ma collaboration à un monument de jurisprudence.

Mon triomphe devait être de courte durée.

A la suspension d'audience, et à la parlotte, le confrère qui n'avait pas souri et qui était un de nos anciens les plus estimés, entreprit d'un ton amer et caustique la critique du jugement qu'il traita de *parfaitement idiot*. L'esprit de la fonction passagère que j'avais remplie m'animait encore ; je me souvins que le magistrat doit laisser aux plaideurs mécontents trois jours au moins pour le maudire. J'ai laissé un temps illimité à mon confrère avec qui mes bons rapports n'ont point été pour si peu obscurcis ni refroidis.

D'ailleurs, je crois bien que l'événement lui a donné raison en l'espèce et que le « jugement idiot » a été réformé en appel.

Seulement, depuis lors, j'ai veillé de près et ne me suis plus laissé pincer à monter sur le siège, au moins dans les affaires où je savais avoir à encourir l'appréciation de mon redoutable confrère.

Je me suis contenté de juger au passage quelques vagabonds sans importance, ou quelques avocats plus respectueux des décisions de la Justice. Et je m'en suis infiniment mieux trouvé.

LUCIFÈRE

Ami fidèle et très épris de la belle langue maternelle, disciple passionné de l'Ecole académique, notre cher Maître Piéton ne dédaignait pas de cultiver, du moins sans descendre au genre décadent, le néologisme imagé et plus expressif.

Nous plaidions ensemble une affaire où s'agitait la thèse presque classique de la responsabilité des architectes et entrepreneurs, en matière de gros ou menus ouvrages ; et la question préalable qui se posait était de savoir exactement quelle était la nature des travaux, objet du litige. Une expertise judiciaire semblait donc s'imposer. J'étais chargé de la solliciter, et mon contradicteur y souscrivait.

Je déclarais en conséquence au Tribunal que mon adversaire ne s'opposait à aucune mesure « *lucifère.* »

A ce mot, l'oreille du vigilant Président, M. Hector, eut un petit tressaillement.

« Vous dites, Maître, mesure lucifère ?

— Oui, M. le Président.

— Veuillez donc répéter, je vous prie ?

— Mesure lucifère.

— Oui, oui, c'est bien cela, mesure lucifère ; mon oreille ne m'avait pas trompé. L'expression est choisie, colorée, significative, et d'une parfaite étymologie ; mais il faut avouer qu'elle n'est pas très usitée en procédure. Où donc l'avez-vous trouvée ?

— M. le Président, je tiens à en reporter l'honneur et le mérite à son auteur ; c'est dans les conclusions de mon spirituel confrère Me Piéton que j'ai eu la joie de la découvrir, et le Tribunal n'en sera pas surpris.

— Je m'en excuse, dit humblement Me Piéton, pourtant je ne crois pas avoir commis un bien grand crime. »

En rentrant à la parlotte, le bon Piéton se vit traiter par nous d'adversaire diabolique, d'esprit infernal et de suppôt de Satan ; à quoi il répondit par son fin et indulgent sourire.

ET MOI ?

Rien, du moins sous ma plume, ne peut rendre l'intonation malicieusement candide, le petit air innocent et modesté avec lesquels Piéton savait à l'audience pousser une fine interruption, une répartie imprévue, comme un trait jaculatoire lancé sur l'adversaire surpris et décontenancé.

Henri Paris, le grand confrère dont il était le digne émule et le vieux compagnon d'armes, terminait ainsi sa plaidoirie contre F. Piéton : « En définitive, Messieurs, disait-il, avec une satisfaction visible et supérieure, dans cette affaire, j'ai vraiment tout pour moi : la science juridique, la loi, les auteurs, la doctrine, la jurisprudence, la tradition, la lettre et l'esprit des conventions, la logique, le bon sens, l'équité, la loyauté, la..... »

A ce moment précis, la petite voix ingénue et moqueuse de Piéton lui coupa son effet :

« Et moi ? glissa-t-il avec une anxiété un peu comique. Et moi, que me restera-t-il ? » Et il ajoutait d'un air humblement suppliant : « Soyez généreux, Confrère, ne prenez pas tout ; et puisque vous êtes si riche, laissez-moi simplement le succès. »

En tous cas, il lui restait au moins l'esprit. Henri Paris en avait beaucoup, mais il n'avait pas besoin d'en donner à Piéton qui en détenait une réserve précieuse.

VOUS ALLEZ MIEUX ?

Le portrait de notre excellent confrère, Mᵉ Piéton, serait incomplet, si au moins par un exemple, je ne signalais sa bonté toujours prête à tous les dévouements, et ce qui la parachevait, préparée à toutes les ingratitudes qui en sont l'habituel paiement. Vous connaissez cette boutade d'Henry Maret, bien juste en sa plaisante philosophie : « Un bienfait n'est jamais perdu, il retombe toujours sur le nez de celui qui l'a perpétré. »

Nous avions jadis au Barreau un confrère intelligent, consciencieux, *presque toujours* aimable. Je dis *presque toujours* parce que le pauvre garçon était la victime d'une mobilité quasi maladive d'humeur dont il était le premier à souffrir. On ne parlait point en ce temps-là de la neurasthénie, qui depuis a si bien fait son chemin dans la société ; mais il en était certainement un candidat de choix. Nous savions qu'il était plutôt à plaindre qu'à critiquer ; nous n'en avions pas moins de sympathie pour lui ; du reste, en dehors des heures sombres qu'il traversait de temps en temps, on peut dire que M⁰ Calmer était un confrère charmant, spirituel et complaisant ; il avait enfin un talent réel et distingué.

Il avait été désigné pour prendre la parole dans une affaire d'assises de médiocre intérêt. La veille même du jour de l'audience, se sentant, ou ce qui est la même chose, se croyant souffrant, il demanda à M. le Président de vouloir bien commettre à sa place un autre défenseur.

On ne pouvait ainsi, à la dernière heure, s'adresser qu'à un avocat d'expérience et de particulier dévouement. Mᵉ Piéton était à cet égard tout indiqué et fut prié d'accepter le dossier, à l'étude duquel il consacra une partie de sa nuit. La lettre du Président, en lui demandant tardivement son concours, s'en excusait à la faveur de l'indisposition subite et sérieuse de Mᵉ Calmer.

Le lendemain, à onze heures et demie, le bon Piéton se rendait au Palais. Or, la première personne qu'il rencontrait dans les pas-perdus, ce fut son confrère, Me Calmer, au visage frais et bien reposé.

Avec sa bonté coutumière, Me Piéton s'avança vers lui les mains tendues en lui disant : « Eh bien ! mon bon ami, vous allez mieux ? Je vous en fais mon sincère compliment. »

Ce pauvre Calmer était sans doute dans un mauvais jour. Est-ce qu'il ne s'imagina point que derrière cette expression d'une sollicitude qui était certainement sans arrière-pensée, devait se dissimuler je ne sais quelle allusion ironique à une indisposition de circonstance et en quelque sorte diplomatique ?

Et comme remerciement de son dévouement confraternel et de sa compassion, le bon Piéton, tout de même un peu ahuri, reçut *coram populo* une averse d'invectives et de reproches à laquelle il ne put se soustraire qu'en se réfugiant avec précipitation dans la salle d'audience, où il fit tout bonnement acquitter le client quelconque de l'ineffable Me Calmer.

Le lendemain, d'ailleurs, il ne restait rien

de ce petit ouragan. Calmer, sans doute évadé de sa crise passagère, ne gardait aucun ressentiment à Piéton du service que celui-ci lui avait rendu. Quant à Piéton, si quelqu'un s'était avisé de lui rappeler cette scène des pas-perdus, il lui aurait répondu avec simplicité : « Je ne sais pas ce que vous voulez dire. »

SERVICE DE NUIT

Il était en gare de Reims quelque chose comme 4 h. 37. M⁰ Ferdinand Piéton venait de s'installer confortablement dans un compartiment de seconde classe, ayant confié au filet un modeste sac de cuir noir, et placé à ses côtés une serviette gonflée d'un volumineux dossier et bouclée d'une large sangle. Pour tromper les heures longues d'un voyage fastidieux et solitaire, se reposer des efforts de l'étude, donner récréation à son esprit avide de jouissances littéraires, Piéton s'était muni de quelques bonnes Revues.

Notre excellent confrère s'en allait plaider une affaire importante et banale devant le Tribunal civil de Sainte-Menehould dont l'audience s'ouvrait le lendemain à 9 heures du matin. Il se trouvait donc dans l'obligation de passer la nuit à Sainte-Menehould, à l'hôtel réputé ayant pour enseigne : *Aux pieds fidèles,* où il était d'ailleurs connu et où il avait retenu sa chambre.

Le signal du départ était donné, le train venait de s'ébranler quand tout-à-coup la portière s'ouvrit brusquement, livrant passage à un gros monsieur suant, soufflant, apoplectique, qui s'engouffra comme une trombe, et retomba lourdement, avec son énorme valise de cuir fauve, sur la banquette faisant face à l'avocat rémois.

« Ah ! mon cher Maître, proféra-t-il enfin, après avoir largement soupiré, et s'être tamponné avec vigueur le front ruisselant. Ah ! que je suis heureux de vous avoir retrouvé ! Figurez-vous que je vous cherchais de tous les côtés ; encore un peu, je manquais le train. J'aurais été vraiment désolé de ne pas vous tenir compagnie. J'ai encore tant de choses importantes à vous dire. Nous avons devant nous quelques bonnes heures pendant lesquelles je ne serai pas obligé de faire, comme à Reims, antichambre, ni troublé par les innombrables importuns qui assaillent votre cabinet. (Le monsieur avait la flatterie sincère, mais un peu lourde.) Nous allons pouvoir les employer à revoir les points principaux de votre argumentation. Ah ! mais surtout, ce que je vous recommande particulièrement, c'est de ne pas ménager l'adversaire ; j'espère bien que vous lui ferez son paquet, à ce crétin, à cet idiot, à ce voleur de grand chemin... Au fait, je ne crois pas vous avoir encore conté son histoire ; vous allez voir, c'est du propre... » Et le voilà parti à travers les cancans, les ragots, les romans de la portière, etc... Cet intéressant récit que Piéton subissait avec résignation, en courbant un peu le dos, comme le promeneur sans parapluie surpris par une averse, prit fin, ou plutôt n'avait pas pris fin, quand le train stoppa à Sainte-Menehould.

J'ai négligé de vous le dire, mais votre perspicacité l'a deviné. Le gros monsieur était le client du procès du lendemain.

Il appartenait à cette race heureusement peu répandue mais redoutée, des raseurs qui sont la terreur et la peste de nos cabinets, qui s'attachent au cher Maître comme la pieuvre, ou comme la misère au pauvre monde.

*
* *

Il est six heures et demie du matin. Vous sommeillez béatement en un repos bien gagné,

ayant été obligé de veiller longuement, pour
un travail ample, urgent et délicat. Un coup
de sonnette, impatiemment répété, vous jette
à bas du lit; vous vous précipitez en pan-
toufles, en chemise de nuit, les cheveux au
vent... « Excusez-moi, Maître, je me présente
peut-être un peu tôt; ne me trouvez pas trop
indiscret. J'ai appris hier soir, à propos de
notre affaire, des choses tellement importantes,
que j'avais hâte de vous les communiquer; et
je craignais que vous ne fussiez déjà parti pour
Paris ou pour quelque autre destination. »

Et le matinal importun vous raconte, bien
entendu, des choses insignifiantes et idiotes.

Vous êtes en conférence avec un client.
Un monsieur fait irruption, comme en coup
de vent, dans votre cabinet, bouscule votre
interlocuteur qui, en personne délicate, s'est
levé et s'est effacé. C'est lui...; et avant même
que vous ayiez pu faire un geste, il déroule :
« Je vous demande pardon, Monsieur ou
Madame, de prendre ainsi pour un instant
votre place ; je n'ai qu'un mot à dire à notre
cher avocat. Je suis du reste horriblement
pressé. » — Vous en avez pour trois quarts
d'heure.

Enfin, un quart d'heure avant l'audience, vous allez pouvoir déjeûner. Vous avez à table un bon ami ; vous lui dites vos regrets de n'avoir que de courts instants à lui consacrer, et joyeusement vous éventrez le cantaloup plein de rafraîchissantes promesses. Crac ! un monsieur très pressé, *et qui n'en a que pour une seconde*, vous attend dans votre cabinet. C'est lui... évidemment ; il ne vous prend pas plus de vingt minutes en effet pour vous expliquer, avec prière d'y faire bien attention, qu'il s'est trompé ce matin dans son calcul ; ce n'est pas 377 francs qu'il réclame à son adversaire, mais exactement 378 francs ; retenez bien, n'est-ce pas : 378 francs, parce que.....

Vous arrivez en retard à l'audience qui, comme un fait exprès, a commencé presque à l'heure aujourd'hui : une mercuriale s'est abattue sur votre tête absente et les affaires que vous teniez à plaider ont été remises à quinzaine.

Dans la rue, vous faites le monsieur qui ne se doute de rien. Vous vous arrêtez machinalement à l'étalage de la création des derniers faux-cols anglais. Mais il vous a vu, lui. Il vous saisit au bouton de la redingote et vous offre en plein visage la pluie de ses dernières trouvailles.

Il arrive tout de même que vous plaidez son affaire, pour laquelle vous avez demandé un tour de faveur, avec la pensée réconfortante d'en être plus tôt délivré. Il est derrière vous, vous tiraille, vous arrête en des *a parte* qui coupent vos périodes ; il vous bourre d'arguments et d'inspirations subites ; il vous fait même répéter, sans que vous y preniez garde, des sottises qui font sourire les Juges, et dire aux amis de la barre : « Mais qu'est-ce donc qu'a aujourd'hui notre confrère ? » *Deo gratias*, votre plaidoirie est terminée, l'affaire est mise en délibéré.

Le soir même, vous dînez en ville ou vous recevez vous-même quelques couples distingués. Vous passez la cravate blanche et vous ordonnez avec un peu de coquetterie une chevelure rebelle ou rare. Il vous attend dans votre cabinet. Il n'a pas voulu laisser se terminer la journée sans vous apporter ses remerciements émus, le tribut de son admiration. — C'est d'ailleurs à peu près tout ce que vous recevrez de lui. — « Mais ne vous semble-t-il pas qu'il serait utile, pendant que le fer est chaud, de fixer quelques points de réponse à l'adversaire, en une note sur délibéré qui sera bientôt faite. Vous avez, mon cher Maître, une telle facilité, vous possédez si bien ce soir mon affaire que d'autres vous auront fait oublier demain !..... »

Vous vous résignez ; et, si j'ose m'exprimer ainsi, sous le regard de votre cravate blanche goguenarde, vous élucubrez un long et pénible factum. On a dû se mettre sans vous à table. Votre voisine de droite, personne d'âge et de distinction que vous avez délaissée à passer seule du salon à la salle à manger, ou bien vous fait une tête significative, où se paie la vôtre en vous plaignant du surmenage de la profession. Le potage est refroidi et les convives lui ressemblent. Heureux si, sur le coup de deux heures du matin, vous échappez à la petite scène conjugale.

Le bon sommeil de la nuit, qui fait oublier les misères humaines, ne vous arrachera même pas de ses griffes. Grâce peut-être au melon du déjeuner, ou à la langouste sauce verte du soir, votre estomac se venge en horripilants cauchemars. Votre cabinet, votre antichambre, votre salon, votre salle à manger, votre chambre sont envahis d'une foule compacte de clients grimaçants et menaçants qui, le revolver à la main, avec des rictus et des ricanements odieux, vous enjoignent impérieusement de leur donner le premier tour d'audience... ou remplissent votre serviette, vos cartons, vos placards, votre corbeille et jusqu'à votre chapeau, de petits papiers multicolores qui sont leurs ordres formels, leurs recommandations suprêmes. Il en est même un, parmi ces énergumènes, plus enragé que les autres, qui roule ses petits papiers en boulettes, et vous les ingurgite de vive force, pour que vous puissiez mieux vous assimiler ses instructions...

*
* *

En arrivant à Sainte-Menehould, on descendit au même Hôtel, par la simple raison qu'il n'y en avait pas d'autres ; du reste, c'eût été la même chose. On s'assit devant la même nappe. On partagea le même pied de cochon qui est la gloire locale ; pour un peu, j'oserais dire qu'on vécut sur le même pied. Dès le premier moment de cet aimable festin, le client mit sans vergogne les siens dans le plat. Remonté comme un poids d'horloge, il fit hommage au doux M⁰ Piéton de la quatorzième édition orale considérablement augmentée de sa topique argumentation ; il commençait la quinzième quand on apporta la camomille.

Les soirées de Sainte-Ménehould sont évidemment moins intéressantes que les *Soirées de Saint-Pétersbourg*. Elles n'offrent, surtout quand il pleut, que peu d'attractions ou de distractions aux voyageurs distingués et sages de l'*Hostellerie des Pieds fidèles*.

Le mieux était donc de monter de bonne heure à ses appartements.

« Mais au fait, s'exclama le gros client en se frappant le front, vous avez sans doute, mon cher Maître, retenu votre chambre ?

— En effet, répondit notre confrère.

— C'est que, reprit l'autre, il me vient une excellente idée. Ne ferions-nous pas mieux de prendre ensemble une chambre à deux lits ? De cette façon, si nous avions à nous communiquer au sujet de notre affaire quelque observation nouvelle que nous pourrions craindre d'oublier, nous aurions facilité de nous la transmettre de suite et sans trop de dérangement. »

Pour une idée, c'était une idée. Etait-elle excellente ? Je n'en réponds pas. En tous cas elle sortait à coup sûr du cadre banal des idées ordinaires.

Je sais bien l'accueil réservé que vous ou moi nous aurions fait à l'aimable proposition.

Mais M° F. Piéton n'aurait jamais osé la décliner, même sous les formes les plus courtoises.

On prit donc une chambre à deux lits.

La première partie de la nuit ne se passa pas trop mal, en ce sens tout au moins que le gros monsieur, à peine dans ses draps, se mit à ronfler comme un bataillon de sonneurs d'Auvergne, au point de faire trembler l'hôtel jusques en ses fondements, et surtout de prohiber tout sommeil à son résigné compagnon.

Mais enfin, aux environs de minuit, vaincu par la fatigue, peut-être aussi par la cadence rythmique du soufflet de forge voisin, l'infortuné Piéton put s'endormir d'un sommeil pesant. Encore ne fut-ce pas pour longtemps.

A minuit et demi, il s'entendit interpeller, ne sachant pas trop d'ailleurs s'il était en rêve ou en éveil.

« Mon cher Maître, avez-vous fait à nos conclusions la petite rectification dont nous avons parlé hier ?

— Mais oui, cher Monsieur, mais oui.

— Ah bien ! alors je suis tranquille. Bonne nuit, mon cher Maître. »

A une heure et demie, la petite scène se renouvelait avec l'aggravation d'un bras vigoureux secouant le pauvre Piéton un peu rebelle à la convocation.

« Je vous en prie, mon cher Avocat, excusez-moi ; vous me trouvez peut-être (?) importun. Mais depuis un moment je ne dors pas et je réfléchis à la question des dommages-intérêts. Nous ferions sans doute bien de la préciser davantage dans une note supplémentaire. Qu'est-ce que vous en pensez ? »

Le bon Piéton pensait qu'on devrait bien le laisser dormir. Mais il se garda bien de le dire pour ne pas faire de peine à son persécuteur.

« Croyez-vous que ce soit bien utile ? se contenta-t-il d'objecter timidement.

— Comment si c'est utile ? je le crois absolument indispensable.

— Puisque c'est ainsi, » acquiesça l'avocat de la sainte résignation.....

Et à la lueur du commun lumignon, vers deux heures du matin, vêtus sommairement, attablés au guéridon branlant sur son étroit trépied, les deux cohabitants du n° 7 de l'*Hôtel des Pieds fidèles* élaborèrent la note supplémentaire à laquelle ils mirent le point final à 2 h. 34.

A sept heures du matin, le dossier fut considéré comme définitivement complet, sans l'adjonction de nouvelles notes, mais non sans quelques réflexions verbales qui de temps à autre étaient venues entretenir sous pression l'avocat en service de nuit.

Quand, à neuf heures, il se présenta à l'audience, M⁰ F. Piéton avait bien la paupière assez lourde, les yeux un peu bouffis, le teint trop coloré ; mais l'esprit était présent, aiguillonné comme le courage d'un brave qui, au moment de la lutte et devant l'ennemi, monte vaillamment à cheval, oublie ses veilles, ses marches et contre-marches, ses fatigues et ses blessures pour courir au canon.

Piéton fut ce jour-là, — peut-être même un peu plus, — ce qu'il était toujours, le grand avocat, clair, méthodique, érudit, finement éloquent, digne du barreau rémois dont il était l'honneur ; cependant que son client, dont la nuit décidément avait été incomplète, dormait doucement derrière lui.

Au moment de quitter l'hôtel, l'honnête avocat tira son porte-monnaie pour régler son écot. Ici le gros Monsieur fut parfait. D'un geste noble de protestation, il fit comprendre à l'avocat qu'il connaissait les règles les plus élémentaires de la bienséance ; et il régla, sans marchander, le dîner aux pieds truffés, le chocolat complet et la chambre à deux lits. Il donna même royalement au garçon un pourboire fou de... cinquante centimes, que le bon Piéton fortifia en cachette d'un appoint généreux.

Mais il n'entendit jamais parler de ses honoraires.

Lorsqu'il nous rapportait, en riant aux larmes, cette véridique aventure, notre jovial confrère Lantiome ne manquait pas d'ajouter : « Moi, j'aurais peut-être accepté la chambre à deux lits ; mais mon premier soin, en y entrant, aurait été de jeter le bonhomme par la fenêtre. »

L'AFFAIRE COCHON

Notre grand confrère, Mᵉ Henri Paris, plaida jusqu'au terme de sa carrière féconde avec une vigueur et une autorité incomparables. Quand, par exemple, il entreprenait de cingler un adversaire en qui il croyait avoir rencontré la mauvaise foi, il le faisait de main de maître.

Il plaidait un jour pour une dame W... en contestation de liquidation avec un beau-frère, je crois, qui répondait au nom de M. Cochon et qui était assisté du doux Mᵉ F. Piéton. Déjà Mᵉ Paris avait cru pouvoir critiquer de façon assez vive les procédés du beau-frère de Mᵐᵉ W..., quand soudain nous fûmes tout de même un peu surpris d'entendre de la bouche de Mᵉ Paris cette sortie d'un goût plutôt douteux :

« Après tout, s'écria-t-il, notre adversaire n'a vraiment pas volé le nom qu'il porte. »

M. Cochon était un brave homme d'âge plus que mûr, qui somnolait dans l'auditoire, en une attitude fatiguée et indifférente. Certainement, l'apostrophe et l'assimilation peu flatteuses de Me Paris n'avaient pas dû lui égratigner profondément l'épiderme.

Mais un haut magistrat, comme M. le Président Hector, jaloux de la dignité de l'audience comme de la sienne propre, ne pouvait laisser passer sans le relever avec une juste sévérité un incident aussi grave.

Rappeler à l'ordre et blâmer de front Me Paris, ce n'était pas très facile. On pouvait moins encore lui demander de retirer sa fâcheuse réflexion et de présenter des excuses à M. Cochon. L'intelligent Président eut bientôt trouvé la mesure la plus propre à répondre à tous les desiderata de la situation :

« Maître Piéton, demanda-t-il, votre client est-il présent à l'audience ?

— Oui, Monsieur le Président.

— Veuillez le prier de s'avancer au pied du Tribunal.

Le père Cochon, à demi-réveillé, non moins

ahuri, s'approcha et, la main en cornet sur son oreille, attendit.

« Monsieur, proféra majestueusement le Président, le Tribunal tient à vous exprimer ses regrets de l'invective dont vous venez d'être l'objet, et qu'il n'était pas en son pouvoir de prévenir. Vous pouvez vous retirer. »

Et comme le brave homme s'obstinait immobile et debout devant les juges, l'huissier le prit charitablement par le bras pour le reconduire à son banc.

Or, le père Cochon était d'une surdité invraisemblable, comme tout un rayon de pots de grès. En passant près de Mᵉ F. Piéton, il lui glissa, *mezzo voce*, comme seuls les vrais sourds le savent faire :

« Je ne sais pas ce que m'a dit le Président, je n'ai rien entendu ; mais je crois que ce sera bon pour mon affaire. »

Tout de même, il perdit son procès sur toute la ligne.

LA LOI DE 1838

Le canton de Ch.....-s.-M..... avait alors le bonheur de posséder un Juge de Paix qui était le meilleur des hommes. C'était un ancien maréchal-des-logis, sinon même un ancien officier de gendarmerie retraité, pourvu d'une pension militaire, de la médaille et de la Légion d'Honneur. Pour compléter ses ressources, on lui avait octroyé un siège de magistrat avec toge, toque et rabat. Il expédiait les débats avec un bel entrain, et faisait pivoter ses justiciables à l'audience comme des recrues sur un champ de manœuvres.

Mais il n'était pas très préparé à ses fonctions judiciaires, ni familiarisé avec la logomachie de la procédure. C'est lui qui condamnait *le défenseur* (pour le défendeur) aux dépens.

J'eus un jour à soutenir devant lui une question délicate qui m'obligeait à discuter sa compétence. Il me suivait avec une attention soutenue et bienveillante ; mais à son visible ahurissement, je sentais que mes explications étaient sans doute insuffisantes, ou qu'elles manquaient de clarté ; enfin, qu'elles étaient pour lui comme de l'hébreu. Je fis de mon mieux pour lui expliquer les dispositions de la loi du 25 mai 1838, et bien fixer celles de ces dispositions sur lesquelles portait mon système d'exception.

A peine avais-je déclaré « persister avec confiance en mes conclusions », qu'il suspendait l'audience, et d'un signe courtois m'invitait à le suivre dans son cabinet.

Après s'être épongé le front ruisselant de l'effort mental auquel je l'avais astreint, il me dit :

« Mais enfin, mon cher Maître, vous avez parlé tout le temps de la loi de 1838. C'est que, vous savez, je ne suis pas très fort, moi, sur ces choses-là.

Qu'est-ce donc, au juste, que peut être cette fameuse loi à laquelle vous attachez tant d'importance ? »

C'était simplement la loi fondamentale des

Justices de Paix, modifiée depuis lors par la loi du 12 juillet 1905.

Le brave homme ne l'avait pas trouvée dans le *Code de l'Escrime*, ni dans le *Manuel du Parfait Gendarme*.

VOYAGE INUTILE

Un heureux canton fut celui de V..., l'un des plus riches de l'arrondissement de Reims. Pendant longtemps, il eut le privilège manifeste et peu contesté de voir se succéder au siège de la Justice de Paix une collection de magistrats d'une originalité tout à fait légendaire. Nous en retrouverons quelques-uns au cours de ces notes.

J'avais à plaider devant cette recommandable juridiction une affaire contre la commune de V...-M..., au sujet d'une question de servitude en son domaine privé, si j'ai bonne mémoire, car ceci remonte au début de ma carrière. J'avais prévenu le magistrat cantonal de mon intention de me présenter à sa barre.

Ce distingué justicier de campagne avait eu un *curriculum vitæ* peu compliqué.

Après avoir terminé son service militaire comme adjudant, il avait été pourvu d'un emploi de sous-économe dans un établissement hospitalier de Paris. La claustration de la vie de bureau pendant dix ou quinze ans l'avait anémié et il avait reçu des médecins le conseil de se retirer aux champs ou à la montagne. On l'avait envoyé à V... où, avec ces avantages, il pouvait joindre celui d'une cure reconstituante au vin de Champagne. Enfin, pour combattre l'oisiveté nocive à son rétablissement, on l'avait pourvu d'une Justice de Paix.

En arrivant à V..., je m'empressai d'aller le saluer. Il m'accueillit avec une bonhomie courtoise, mais un peu surprise :

« Pourquoi donc êtes-vous venu ? me dit-il. Je regrette sincèrement de vous avoir laissé faire ce déplacement tout-à-fait inutile. Enfin ! je ne vous en entendrai pas moins avec plaisir ; mais vraiment, vous pourriez écourter vos observations. Vous comprenez, il s'agit de la commune de V...-M..., j'ai étudié l'affaire, et mon « opinion est invariablement fixée ».

Je m'inclinai sans réponse, devant cette

inconscience qui avait au moins pour elle le mérite de la sincérité.

Je suivis le conseil du juge. Je contins de mon mieux « mes développements » en donnant juste ce qu'il fallait pour que le client assis à mes côtés fût convaincu que moi aussi, j'avais étudié l'affaire.

Le magistrat prudent, « dont l'opinion était faite », remit à huitaine son jugement, comme s'il avait encore à peser dans son esprit le pour et le contre.

Et à l'audience suivante, il rendait une solide sentence me déboutant sur toute la ligne. Le jugement était même si savamment rédigé que... mais ce n'est qu'un soupçon.

Encore mon juge y avait-il mis quelque pudeur et avait-il, à l'audience, sauvegardé mon petit amour-propre personnel.

Il n'avait pas fait comme ce collègue d'un canton voisin qui, après avoir, dans une affaire importante de dégâts de lapins, entendu la plaidoirie très étudiée de Mᵉ Dupavillon, un de nos maîtres et de nos anciens bâtonniers les plus vénérés, les plus instruits et les plus précis, avait, sans vergogne, et séance tenante, tiré de sa poche et prononcé un long jugement écrit donnant tort en fait et en droit à la thèse érudite et bien documentée de notre éminent confrère.

Celui-là, qui était sans doute un ancien bottier, ne doutait vraiment de rien.

CONCILIATION OBLIGATOIRE

C'est à l'incomparable Justice de Paix de
V... qu'eut lieu la petite scène autoritaire que
voici.

Devant l'éminent magistrat qui présidait
aux destinées judiciaires de cet heureux canton
comparaissaient deux bons villageois en querelle.

Le premier, Nicolas, après avoir consulté
un avoué au sujet d'un procès de quelque
importance qu'il voulait intenter à son voisin
François, avait fait citer ce dernier « sur
préliminaire de conciliation » devant le Juge
de Paix, ainsi que le veut l'article 48 du Code
de Procédure.

En pareille circonstance et dans la pratique
conforme à l'interprétation de l'article 54, le
Juge peut bien offrir aux plaideurs quelques
conseils ; mais, au cas de refus de l'un ou de

l'autre ou de tous les deux de se concilier, il ne peut qu'en dresser un procès-verbal sommaire, en autorisant le demandeur à porter l'affaire au Tribunal civil.

Mais le haut magistrat cantonal, fraîchement débarqué, plein de zèle, de bonne opinion de soi, et d'ignorance, trouvait bien tiède et bien maigre cette législation qui l'assimilait en somme à un simple agent de verbalisation.

« Voyons, dit-il aux deux comparants, voulez-vous vous concilier ?

— Jamais de la vie, répondirent-ils d'une même voix empressée.

— Cependant, insista le juge, un bon petit arrangement devant moi, là, en famille...?

— Non, non ! Nous ne voulons pas nous arranger.

— Ah ! c'est ainsi, rugit le doux magistrat.

— Ah ! vous ne voulez pas d'arrangement ? Nous allons bien voir, et je vous prie de croire que ça ne traînera pas. Je vais vous juger, moi, au fond et bon gré mal gré ! »

Et il le fit. Séance tenante, il leur confectionna un solide et vigoureux jugement, non sans avoir, en une énergique rédaction, constaté le mauvais vouloir regrettable des deux comparants.

Solide ! mon Dieu, oui, il paraît tout de même que son jugement était solide. Car ce n'est pas le moins curieux de l'affaire : le jugement déféré en appel fut maintenu par le Tribunal.

Tout au moins expliquons-nous pour ne pas laisser peser sur les magistrats de première instance un soupçon inadmissible d'hérésie.

A vrai dire, ils reconnurent l'erreur du magistrat conciliateur forcené ; mais ils estimèrent que, toute baroque qu'elle fût, sa décision valait comme procès-verbal de non-conciliation autorisant le Tribunal civil à s'emparer de l'affaire et à la juger ; et ils la jugèrent au fond... dans le même sens que lui.

Tout cela était-il bien juridique ? La question est sans intérêt. Les parties en cause ne s'en sont jamais plaintes.

Il est vrai de dire qu'elles n'y ont jamais rien compris.

LE TÉMOIN INTÉRESSÉ

Le petit tableau qui précède semblait demander son pendant au clou des illustrations de la Justice de Paix de V..... Ce fut un successeur du conciliateur obstiné qui se chargea de l'accrocher et de lui donner place en la Galerie.

Celui-là avait à statuer sur je ne sais plus au juste quelle action possessoire dont l'objet devait être, si je ne me trompe, l'usage d'une source. Il avait jugé utile de s'éclairer par voie d'enquête, et il écoutait et recueillait les dépositions des témoins cités respectivement par les deux belligérants.

Tout d'un coup, il crut comprendre que l'un de ces témoins, — faites bien attention, « simple témoin » et non partie en cause, — avait dû lui-même faire usage de la source litigieuse ; usage sans aucun doute toléré par les parties elles-mêmes et que personne en tous cas ne songeait à lui contester. Mais le juge perspicace notait avec grand soin cette circonstance capitale.

Et dans son jugement, il faisait expressément défense à... ce témoin de se servir davantage, à quelque titre que ce fût, de la source objet du procès ; il le condamnait même sévèrement à des dommages-intérêts et à une quote-part des dépens.

Cette fois, tout de même, je crois pouvoir affirmer que le Tribunal de Reims réforma la brillante sentence du premier juge.

L'AFFAIRE SALOMON

Vers 1885, le Barreau de Reims comptait parmi ses jeunes stagiaires M⁰ Paul Rimet. C'était un garçon intelligent, très éveillé, toujours sautillant, affairé, que je n'ai jamais vu entrer au Palais qu'au pas de course.

La mort l'a ravi de très bonne heure ; mais les quelques années par lui données à la barre nous ont laissé le souvenir aimable d'un bon petit confrère de charmante humeur, un tantinet malicieux — ce qui n'était point pour nous déplaire, — avec cela toujours serviable et dévoué.

Mais on peut dire, sans faire tort à sa mémoire, qu'il avait une originalité prime-sautière tout à fait personnelle, une imagi-nation vagabonde, et des inventions d'idées qui n'étaient pas banales. Il disait à l'audience

— comme ailleurs — tout ce qui lui passait par la tête ; — et ce qui lui passait ainsi par la tête était quelquefois bien amusant.

Je l'entends encore au Tribunal de Commerce, plaidant une affaire de brusque congédiement d'un voyageur par son patron, citer avec une érudition, sans doute spontanée, le cas de Caïus Gracchus et de Severus Metellus qui devaient être quelque chose comme des voyageurs en bonneterie de la grande époque romaine.

*
* *

Or, au moment où se place ce véridique récit, un brave marchand de confections de Reims — vous savez, le complet de cérémonie à 7 fr. 95, — du nom de Salomon, avait été victime d'un vol commis chez lui la nuit et avec effraction. Un malandrin avait fait sauter un volet de la façade, pénétré dans le magasin, fait une pesée sur le tiroir de la caisse et emporté une somme d'environ trois cents francs.

L'affaire, en soi assez banale, était aux Assises, Me Paul Rimet, au banc de la défense ; et M. Salomon venait de terminer sa déposition à la barre des témoins.

C'est à cet instant que Me Paul Rimet, le visage illuminé déjà de joie malicieuse à la pensée de la question drôlatique qu'il méditait, se leva et dit :

« M. Salomon affirme bien avoir été victime d'un vol de trois cents francs ?

— Oui, Maître, exactement trois cent dix-sept francs quatre-vingt-cinq centimes.

— C'est encore mieux, observa Rimet. M. Salomon voudrait-il bien dire à la Cour et à MM. les Jurés combien de fois il lui est arrivé d'avoir trois cents francs dans sa caisse ? »

Quand l'éclat de rire général qui accueillit cette boutade fut éteint, Salomon, tout de même un peu décontenancé, reprit son aplomb et riposta avec dignité :

« Je refuse de répondre à une question injurieuse dont je me réserve de demander réparation. »

L'intervention du Président mit fin à l'incident, du moins à l'audience.

Ce qu'il y avait en tout cela de plus divertissant, c'est que si la réflexion de Rimet et sa demande à Salomon étaient vraiment inattendues et indiscrètes, elles ne manquaient pas d'une réelle opportunité et elles portaient juste.

Il était notoire que ce brave Salomon, qui était d'ailleurs un très honnête commerçant, était aussi et depuis longtemps assez gêné aux fins de mois. Le fait qu'il pût avoir en sa caisse la somme énorme de trois cents francs paraissait invraisemblable à Rimet, qui en avait voulu convaincre le Jury.

Pendant la suspension d'audience qui suivit les plaidoiries, l'avocat et le témoin se rencontrèrent dans le couloir des Assises ; une altercation d'un diapason aigu s'éleva qui se serait terminée certainement par la paume de la main ou par la canne, si les belligérants n'avaient été immédiatement séparés. En s'éloignant, Rimet clamait à son adversaire : « Je ne vous dois aucun compte de mes « paroles. Si vous croyez avoir à vous en « plaindre, adressez-vous au Conseil de l'Ordre « dont seul j'entends relever. »

C'est ce que fit Salomon.

*
* *

Et c'est ainsi que par une très lourde et très orageuse après-midi de juillet 1886, le jeune stagiaire comparaissait devant le Tribunal de

ses pairs gravement assemblés au Palais en la
Bibliothèque des Avocats. Il s'y présentait,
toujours sautillant et souriant, ne paraissant
pas se douter de l'énormité de son crime où
était entrée d'ailleurs beaucoup plus de gami-
nerie malicieuse que de malveillante intention.
Le Rapporteur — car l'instruction du Conseil
se suivait dans toutes les règles — rendait
compte de sa mission...

Depuis un instant, bien qu'il fût à peine trois
heures, le jour baissait et le ciel s'obscurcissait
à ce point qu'il fallut recourir à l'éclairage du
gaz. Tout à coup, avec une effroyable soudaineté,
une tempête inouïe s'abattit sur la ville,
accompagnée d'un cyclone et d'une trombe de
grêle énorme, qui, en moins de dix secondes,
détruisirent la majeure partie des couvertures
et des vitrages de la cité rémoise, causèrent
notamment à la grande et admirable rosace du
portail de la Cathédrale les dégâts les plus
sérieux [1].

[1] La restauration de la grande rosace a été effectuée
seulement vers 1909, avec une précision digne des plus
grands éloges, par M. Paul Simon, artiste verrier,
membre titulaire de l'Académie nationale de Reims.

Les grandes baies vitrées du Palais de Justice, ses lanterneaux furent, en un clin d'œil, troués comme des écumoires par une avalanche de grêlons de la grosseur d'œufs de pigeon, au moins ; et tout cela, au milieu d'un vacarme épouvantable donnant un avant-goût de ce que sera, affirme-t-on, le cataclysme de la fin du monde.

Toutes les audiences — c'était un vendredi, — qui à ce moment battaient leur plein dans une étouffante semi-obscurité, furent levées avec précipitation. Nous étions tous littéralement affolés, et n'avions qu'un souci, courir à nos demeures pour nous rassurer sur le sort des nôtres.

La délibération du Conseil de l'Ordre, comme les autres, fut brusquement interrompue...

Et elle ne fut jamais reprise. Jamais plus on n'entendit parler de l'affaire Rimet ; le registre du Conseil n'en porte du moins aucune mention.

Après tout, pour bizarre, un peu agressive et désagréable au témoin Salomon qu'elle eût été, la réflexion du jeune avocat, dont aucun acte n'avait été ni requis ni donné à l'audience, n'était-elle pas couverte par l'immunité de l'article 41 de la loi du 31 juillet 1881 et pouvait-on la considérer comme hors du sujet ?

C'est bien la faute aux grêlons de 1886 si la question n'a pas été résolue ; il semble qu'un de leurs plus curieux effets ait été de frapper les vénérables confrères du Conseil de l'Ordre d'une complète amnésie au sujet de l'affaire Salomon.

MÉFAITS DU DIVORCE

Le Palais de Justice de Reims n'a point été le théâtre des trois actes de ce petit vaudeville judiciaire. Je dois même à ma sincérité bien connue de déclarer que, pour les coudre, j'ai dû les emprunter à des tribunaux différents ; mais ils n'en demeurent pas moins, pour le tout et pour chacun d'eux, la traduction de la plus intégrale vérité.

*
* *

Donc, le mari était demandeur principal en divorce.

Il avait de « justes sujets » de reproche à formuler contre sa femme « dont la conduite, affirmait sa requête, était un tissu de noires infidélités ». Longtemps, il s'était refusé à le croire, tant sa femme se montrait pour lui douce, affectueuse, prévenante, aux petits

16

soins. Il y avait bien les lettres anonymes, les potins de voisinage l'engageant à se défier d'un beau jeune homme brun aux louches assiduités ; mais c'étaient de mauvaises langues, comme il s'en trouve toujours pour troubler les félicités conjugales les mieux établies. Pensez donc ! il s'agissait de son meilleur ami, — comme toujours encore, — était-ce possible ?

Un beau matin de printemps, on vit tout à coup ce trop heureux mari se précipiter, sur le boulevard, à la poursuite d'un coupé trois-quarts s'en allant au petit trot fatigué de son vieux cheval de réforme. Brusquement il ouvrit la portière, et en même temps... les yeux à la révélation brutale de la plus désolante vérité : sur les coussins gémissants, l'ami fidèle prodiguait à Madame les marques de la plus affectueuse indiscrétion.

Le pauvre mari n'avait point de revolver. Du reste, depuis les rigueurs et les menaces qui en rendent le port si dangereux, il n'y a plus que les apaches pour se permettre d'en détenir ; — moi, le mien ne me quitte jamais.

A défaut du « browning » vengeur, l'époux

outragé s'arma de bons témoins à répétition ;
et dès le lendemain, avec la complicité d'un
des meilleurs procéduriers de l'endroit, il plan-
tait une sérieuse requête.

L'incident du boulevard me fit commettre
un horrible à-peu-près, n'ayant même pas
l'excuse du sens juridique, et que je n'ose
livrer qu'après avoir sollicité pour l'auteur une
grande indulgence.

« Votre affaire est excellente, dis-je au
mari. J'estime même que le Tribunal doit
vous accorder le divorce *de plano*, puisque
votre femme a été surprise en *fiacrant délit !!* »

*
* *

Mais madame est reconventionnellement
demanderesse. Elle ne méconnaît pas ses torts.
Elle était jeune, inexpérimentée, séduisante...
et très négligée. Son mari depuis longtemps
devait tout savoir. C'est lui-même qui avait
introduit l'aimable loup dans la bergerie
conjugale ; il en avait fait son ami le meilleur ;
il lui avait même, en plusieurs circonstances,
donné sa procuration ; ceci me fit encore
dire, — excusez-moi derechef, — que cet ami
était sans doute mandataire *ad litem* ; ce dont

la traduction un peu libre, tout en demeurant littérale, sera facilement résolue par vous.

Cela ne faisait point que la pauvrette n'eût de son côté de sérieux motifs de se plaindre de son mari. Elle le lui dit, sous la plume sévère d'un avoué, non moins bon procédurier que son confrère, en des conclusions particulièrement expressives :

« Attendu que le sieur X... mène une
« existence désordonnée et scandaleuse ; qu'il
« entretient, en dehors du domicile conjugal,
« des relations coupables avec des personnes
« de mœurs légères ; que notamment et à
« maintes reprises, il a fait les propositions les
« plus inconvenantes à une femme *autre que*
« *la sienne...* »

*
* *

Les enquête et contre-enquête firent trop complètement la preuve des faits respectivement articulés. Il n'y avait donc plus pour le Tribunal qu'à prononcer le divorce aux torts et au profit de chacun des deux époux.

Mais il estima que cette solution ne serait point juridiquement logique.

« Attendu, dirent les perspicaces magistrats,
« que la demande du mari, inscrite la première,
« est recevable et fondée ; que les griefs par
« lui formulés sont complètement établis,

« Prononce le divorce à son profit ;

« Ordonne que la communauté ainsi dissoute
« sera liquidée, etc...

« Et statuant sur la demande reconven-
« tionnelle de la femme,

« Attendu qu'il n'est pas douteux pour le
« Tribunal que les torts du mari à l'égard de
« la dite dame ont été souverainement inju-
« rieux ; qu'ils étaient certainement suffisants
« pour faire prononcer le divorce au profit de
« celle-ci ;

« Attendu cependant que le Tribunal ne
« peut, à son regret, faire droit à la demande
« reconventionnelle ;

« Que le divorce qui vient d'être prononcé à
« la requête du sieur L... premier impétrant,
« a eu pour effet automatique de rompre le
« lien conjugal qui unissait les époux ;

« Que ce lien ainsi rompu et devenu inexis-
« tant ne peut plus être dissous une seconde
« fois, même sur la juste demande de la
« femme ; qu'on ne peut évidemment plus
« briser ce qui n'est plus ;

« Que dans ces conditions, la demande
« reconventionnelle doit être déclarée non
« recevable ;

« Par ces motifs, déclare la dame L... non
« recevable en sa demande, l'en déboute et la
« condamne aux dépens. »

Il paraît que, sur l'appel de la dame L..., la
Cour a réformé, *in parte quâ*, cette savante
décision. Cela ne m'étonne pas trop.

PARALLÈLE OU CONTRASTE

Le jour de son installation au Bâtonnat du
Barreau de Paris, Pouillet, le grand avocat très
regretté, spécialiste des questions de marques
de fabrique et de contrefaçon, offrit à ses
confrères le régal délicat d'un discours inau-
gural piqué de cette verve fine et spirituelle
que nous avons pu apprécier plusieurs fois à la
Barre de Reims. Il avait pris pour sujet, sinon
principal, du moins conjoint, le parallèle du
Magistrat d'autrefois et du Magistrat moderne.

« Jadis, déclarait-il, — tel était du moins le
sens de ses paroles, — le juge était un homme
d'allure austère, qu'on ne voyait jamais sourire,
d'une correction un peu froide, d'une immuable
réserve. Il sortait peu, se tenait à son foyer,
consacrant la plupart de ses veilles à la préparation laborieuse de ses sentences. Quand, par
hasard, il se produisait au dehors, c'était tou-

jours en costume sombre, en redingote longue et sévèrement boutonnée, en impeccable cravate blanche, la lèvre soigneusement rasée, le visage encadré de symétriques favoris. En le voyant, on s'écartait avec une discrétion respectueuse ; on l'avait tout de suite reconnu : ce n'était point un mortel ordinaire, c'était un pontife de la Justice.

« De nos jours, il n'en va plus tout à fait ainsi. Le magistrat moderne est sans doute aussi un homme grave, mais il l'est surtout *en dedans*. Son extérieur est plutôt avenant et familier ; son humeur aimable, sinon même joviale ; il a tout au moins le sourire. Sa démarche est libre, et parfois légèrement sautillante ; sa conversation, enjouée et séduisante ; son abord et sa poignée de mains, généreux et faciles.

« Il demeure volontiers célibataire, ce qui ne veut pas toujours dire « vieux garçon ». Si par hasard il est marié, il est évidemment le plus fidèle et le plus attentif des époux comme le meilleur des pères. Mais dans l'une ou l'autre position, il aime assez se mêler à la vie sociale et aux élégances des réunions mondaines.

« Les avant-scène des théâtres subventionnés, comme les baignoires confidentielles des music-hall les plus… humoristiques, le reconnaissent pour un de leurs habitués fidèles. Il promène son complet élégant de cachemire blanc sur la *planche* des grandes stations balnéaires ; il pousse son louis au tapis vert des petits chevaux de tous les casinos ; il pique de son alpenstock la neige des cimes helvétiques ; il développe les anneaux de la lunette marine aux yachts confortables des lointaines et riches croisières. Il arbore l'œillet conquérant aux plus selects garden-party ; il se prête, avec bonne grâce et avec agilité, à faire la *bête* aux champêtres rallye-paper. Pendant la saison urbaine d'hiver, il ne le cède en rien au fringant lieutenant de cavalerie pour la conduite du cotillon ; il est, du potage au moka, le voisin le plus gracieux, le causeur le plus charmant.

« Vous le trouvez partout où règne la bonne humeur, où fleurissent les élégances suprêmes, où se rencontrent les illustrations en tous genres de la société moderne ; et partout, il s'extériorise en costume irréprochablement issu des mains du meilleur faiseur, de nuances jeunes et claires, en cravate de la plus personnelle fantaisie, la moustache conquérante, la barbe finement taillée en pointe.

« Et même, quand l'âge et l'avancement lui imposent au moins les apparences d'une attitude plus grave, viennent alourdir un peu son pas, saupoudrer de givre la soie de sa chevelure et de sa barbe toujours minutieusement surveillées, il conserve son affabilité accueillante, sa coupe distinguée, ses relations mondaines.

« Rien en somme ne le signale à notre attention particulière ; on pourrait le prendre indifféremment pour un ingénieur des mines, pour un professeur de faculté, pour un chef de rayon des grands magasins, pour un artiste de nos meilleures scènes, pour un officier de cavalerie en tenue civile.

« En définitive, le magistrat de nos jours est un homme comme un autre..., *quelquefois même un peu trop.* »

LE BAISER

La paisible petite cité de Saint-Mihiél, chef-lieu judiciaire du département de la Meuse, possède un Tribunal de première instance, où, il y a quelque vingt-cinq ans, on ne devait certainement pas s'ennuyer.

Parmi les officiers ministériels postulant à sa barre, et au premier rang, figurait un grand diable d'avoué, l'inoubliable Mᵉ Vic, par qui les audiences étaient illustrées des plus originales fantaisies.

Le tribunal avait alors à sa tête un excellent magistrat, l'honorable M. Lelong, dont le souvenir appartient à l'histoire de Reims, son berceau, si je ne me trompe ; où il comptait en tous cas de proches membres de sa famille, notamment son fils. Le digne président, au caractère sérieux et correct, tout en se montrant tolérant à l'endroit des frasques coutumières du facétieux procédurier qui était luimême et au fond un homme d'affaires intelligent, actif et très loyal, ne les supportait que difficilement ; et à peu près à chaque audience se renouvelait la petite et très amusante scène suivante :

« Voyons, Me Vic, tenez-vous un peu tranquille ; vous troublez et vous déroutez l'attention du Tribunal.

— Bien, M. le Président. »

Cinq minutes plus tard, nouvelle incartade faisant émerger le placide M. Lelong de son calme, et le déterminant à de sévères mesures d'ordre :

« Huissier, faites sortir Me Vic. »

Celui-ci, habitué à cette manœuvre tant de fois répétée, faisait, comiquement toujours, mine de se cramponner à son banc, jouant ainsi son petit Manuel. L'audiencier le prenait par le bras et le conduisait, en riant, au seuil du prétoire où il rentrait quelques instants après, satisfait, rafraîchi, calmé de cette charmante expulsion hygiénique.

Un jour, une bonne femme de la campagne

se présenta au Palais pendant la suspension d'audience, désireuse de connaître la solution d'un assez gros procès qu'elle avait engagé contre un voisin.

C'était une de ces braves, simples et honnêtes paysannes profondément respectueuses, comme on l'était autrefois, de tout ce qui touchait à la Justice ; pour qui celle-ci était une religion ; le Palais, un véritable temple ; et un magistrat, un officiant sacerdotal.

J'ai connu moi-même une excellente fermière qui, pénétrant dans le prétoire comme en un sanctuaire, après avoir vainement cherché le bénitier, se signait dévotement d'un grand signe de croix, et me voyant sous la toge à petits boutons comme une soutane, m'appelait avec déférence « M. l'Abbé ».

Combien à cet égard les mœurs ont fâcheusement évolué ! Y a-t-il rien de plus déplorable que le sans-gêne, le débraillé, la familiarité vulgaire avec lesquels le plus grand nombre des justiciables se présentent devant les juges ?

Le hasard malicieux voulut que la première personne rencontrée au Palais de Saint-Mihiel par l'honnête campagnarde fût Mᵉ Vic, qui avait été son adversaire.

« Ah ! ma bonne dame, lui dit celui-ci, vous en avez une chance ! Le Tribunal vient de rendre son jugement et il vous fait gagner votre procès.

— C'est-y Dieu possible ? s'exclama-t-elle. Que je suis donc heureuse ! Qu'est-ce que je pourrais bien faire pour remercier ces bons Messieurs les Juges ? Croyez-vous, M. Vic, qu'une belle paire de canards... ?

— Hum ! fit le facétieux avoué, d'un air dubitatif, nos magistrats n'apprécient pas trop ce genre de remerciements. D'ailleurs, je crois que M. le Président n'aime pas beaucoup le canard. Enfin, si vous teniez à en tenter l'expérience, faites-moi passer vos volatiles, je sonderai prudemment le terrain... Mais, j'y pense, ajouta-t-il en se frappant le front, vous pourriez mieux exprimer votre gratitude, d'une façon qui serait certainement plus agréable à notre Président.

— Je ferai ce que vous me direz, mon bon M. Vic.

— Tenez, vous voyez, en haut des marches, à gauche de la grande table à tapis vert, une porte par laquelle vont rentrer les magistrats,

Placez-vous à côté de cette porte, et quand elle s'ouvrira, vous vous avancerez vers le Président qui marchera le premier, et sans prononcer un seul mot, vous l'embrasserez...

— Oh ! M. Vic, y pensez-vous ? Je n'oserai jamais !

— Mais si, mais si ; n'ayez pas peur. C'est ici un usage imposé aux personnes qui ont gagné leur procès ; et puis le Président y est tellement habitué.....

— Ce n'est pas tout de même très commode. Enfin, puisque c'est l'usage... »

Et la naïve plaideuse suivit de point en point ces précises instructions, encore qu'elles lui parussent assez singulières.

Quand, après le coup de sonnette réglementaire, le Président grave et toujours un peu solennel apparut dans l'encadrement des deux vantaux ouverts, il vit venir à lui une bonne femme rougissante et timide.

« Que désirez-vous, Madame, et que faites-vous ici ? » lui dit-il d'un ton plein de condescendance.

Pour toute réponse, l'honnête villageoise planta sur les joues encore roses et fraîches du Président deux baisers vigoureux et sonores.

Sous cette agression inattendue, le Tribunal battit précipitamment en retraite et se replia en sa chambre du Conseil où fut incontinent convoqué... non pas Me Vic, mais l'avoué de la trop reconnaissante paysanne.

Celui-ci était un brave homme, au tempérament sanguin, apoplectique, qui sommeillait quelquefois pendant les plaidoiries, mais s'endormait régulièrement pendant les suspensions d'audience. Naturellement, il n'avait rien vu ni rien soupçonné de l'irrévérencieux attentat.

Aussi, ne peut-on s'imaginer que difficilement son ahurissement quand, sur sa tête innocente, s'effondra la dure mercuriale :

« Me Lelourd, le Tribunal qui vous tient en grande estime n'en est que plus surpris et surtout plus froissé d'avoir à relever contre vous l'inconvenance sans précédent que vous avez conseillée certainement à votre crédule cliente... »

L'un des jeunes magistrats assesseurs, devant le visage déconfit, humilié, stupéfié du malheureux avoué, crut deviner la supercherie de l'incorrigible Vic dont il savait déjà sur le bout du doigt toutes les roueries fantaisistes. Il en fit part à voix basse à l'équitable M. Lelong.

En remontant quelques minutes plus tard sur le siège, ayant recouvré son calme et son aplomb, l'excellent Président. se borna simplement à décréter... selon la formule :

« Huissier, faites sortir Me Vic. »

Tout de même, je pense que le candide M. Lelong ne s'imaginait pas que le malicieux avoué et la docile campagnarde allaient à son profit jouer sur la scène du Tribunal la délicieuse comédie de Théodore de Banville !

RÉPONSE A ÉMILE

Bien qu'elle n'appartienne pas au cadre de mes souvenirs personnels, on m'excusera d'y introduire la boutade que je vais rapporter, à raison de sa désopilante fantaisie. Je l'emprunte à ce vigoureux polémiste doublé d'un grand ironiste qu'est Edouard Drumont.

Il avait pris à partie avec un réel acharnement, il y a de cela vingt ans, un magistrat du Tribunal de la Seine, M. T... président de l'une des Chambres correctionnelles, avec qui sans doute il avait dû avoir à l'audience quelque désagréable rencontre, et il ne perdait pas une occasion de lui imputer les aventures les plus drôlatiques.

Un jour — selon le mordant satirique — M. T... était appelé à juger une affaire assez délicate, au point de vue des détails, d'excitation de mineures à la débauche, qui avait eu pour théâtre un de ces établissements discrets que la loi tolère et que la morale réprouve, pour me servir du cliché banal des bons journaux, et même des autres.

A l'appel de son nom, s'avançait à la barre des témoins une grosse commère, grisonnante et rougeaude, que son allure vulgaire, sa toilette de mauvais goût, criard et tapageur, auraient suffi à faire immédiatement reconnaître pour ce qu'elle était en réalité, la directrice de l'immorale institution.

« Femme X..., lui demanda avec dignité M. le Président T..., c'est dans votre maison, et presque sous vos yeux, tout au moins avec la connivence tacite de vos complaisances regrettables, que se sont accomplis les faits reprochés aux prévenus, et le Tribunal ne saurait trop sévèrement qualifier votre conduite. Mais enfin, puisque vous n'êtes ici que comme témoin, veuillez avec précision indiquer au Tribunal comment était disposée la pièce où se sont passées ces scènes de débauche ?

— « Ben, Emile, répondit le témoin d'une voix éraillée de contre-alto fatigué ; t'as l'air fâché contre moi ? Et puis, pourquoi que tu me

demandes ça, voyons ? Tu connais la maison ;
tu sais bien que le lit est à gauche. »

Tête du Président, qui n'en demanda pas
davantage, et se borna à dire d'un ton sec :
« C'est bien, allez vous asseoir. »

UNE BONNE MÈRE. — NUIT DE DEUIL

Au cours de ces notes, j'ai déjà évoqué le souvenir de ce bon petit confrère, d'une si aimable originalité, Me Paul Rimet, que la mort nous a ravi en pleine jeunesse. Si je ne me trompe, il avait à peine vingt-cinq ans.

Il était encore célibataire et vivait filialement en la demeure et à la table paternelles. Ses parents, qui nous ont laissé la mémoire d'excellentes gens, d'une existence retirée et très simple, de nature serviable et dévouée, veillaient avec sollicitude sur les débuts dans la carrière du cher avocat.

Celui-ci, précisément parce qu'il avait un caractère assez primesautier, gai et sympathique, comptait de très nombreux amis auprès desquels parfois il oubliait, en tout bien tout honneur, les exigences de l'horaire familial.

Par une très froide matinée de décembre, une bonne femme de la campagne, à l'allure d'une fermière cossue, se présenta pour consulter Mᵉ Rimet. Celui-ci était sorti.

Mᵐᵉ Rimet mère accueillit avec empressement la visiteuse, en qui se promettait une cliente, l'installa auprès d'un bon feu en lui déclarant que Mᵉ Rimet « ne tarderait point à rentrer ».

L'affirmation maternelle était sincère ; mais elle était un peu... risquée.

L'heure du déjeûner avait depuis longtemps sonné, et le jeune stagiaire n'avait point paru.

« Je suis désolée de vous voir ainsi attendre, dit Mᵐᵉ Rimet à la patiente fermière ; mon fils est en ce moment très surmené ; il aura été attardé en un rendez-vous d'affaire ; ou peut-être encore aura-t-il été retenu à déjeûner chez un ami. Il est si aimable et si aimé de tout le monde ! Mais, ma chère dame, vous devez mourir de faim. Faites-nous donc le plaisir d'accepter à déjeûner sans cérémonie. Bien certainement, dès qu'il pourra s'échapper, M. l'Avocat reviendra en toute hâte pour chercher ses dossiers et courir à l'audience. »

Mᵉ P. Rimet ne revint pas, et ses dossiers n'en parurent pas éprouver de déception.

A deux heures, la bonne femme, conforta-

blement lestée de l'œuf et de la côtelette
destinés à son avocat, s'en fut au Palais de
Justice. Elle apprit qu'il y avait fait une courte
apparition, — le temps sans doute d'y distri-
buer deux ou trois facéties, — et qu'il était
parti en déclarant qu'il se rendait à son
cabinet pour y travailler « une grosse affaire ».
Elle revint donc, avec une constance admirable, s'installer auprès du bon feu de l'hospi-
talière Mᵐᵉ Rimet, et, sous l'effet d'une
heureuse digestion, fit quelques petits sommes
entrecoupés de visites de l'excellente mère
s'intéressant beaucoup aux semailles d'hiver,
et à la réussite de ses couvées.

Les heures s'écoulèrent ainsi assez agréable-
ment, si bien qu'on gagna sans presque s'en
apercevoir, l'heure du dîner. Seulement, si
on n'avait pas vu la fuite du temps, *irrepa-
rabile tempus*, on avait encore moins vu
le retour du cher avocat.

La petite cérémonie invitatoire de midi se
répercuta avec le même empressement et
avec le même succès. La bonne fermière
trouvait qu'en somme les familles des avocats
de Reims étaient hospitalières. Elle se sentait

presque de la maison ; elle se montra de bonne humeur, et dîna d'un merveilleux appétit, puis reprit son poste de visiteuse patiente.

La sollicitude maternelle, qui est inépuisable, ne s'arrêta pas en si beau chemin. A dix heures, elle faisait bassiner le lit de la chambre d'amis.

Ici toutefois, les chroniques du temps sont en légère divergence. D'aucunes prétendent que la fermière se glissa volontiers dans les draps chauds et parfumés de bonne lavande. Je crois pouvoir affirmer qu'au contraire, rappelée aux nécessités du devoir, elle prit congé de ses hôtes, pour ne pas manquer le dernier train. Elle rentra vers minuit auprès de ses enfants alarmés, sans avoir pu apprécier l'intelligence juridique ni même les grâces de l'esprit du sympathique avocat.

On ne la revit plus, ni dans l'antichambre de celui-ci, ni dans la salle à manger de l'aimable famille. A la vérité, elle revint à Reims quelques jours plus tard ; mais elle s'en alla frapper à la porte d'un autre jurisconsulte, moins jeune et moins aimable, qui ne lui

proposa même pas le moindre hors-d'œuvre.
Avouez que c'était là de la part de la fermière,
vis-à-vis de M. et Mme Rimet, de la plus noire
ingratitude.

*
* *

Qu'était donc devenu notre jeune et très
affairé confrère?

Son excellent père était un homme juste,
ayant conservé du fonctionnarisme dont il était
récemment retraité, des habitudes de régu-
larité mathématique. S'il n'était pas le maître
de l'heure, il en était le respectueux esclave.

Il avait décrété que le verrou serait tiré sur
l'huis familial à dix heures trente minutes;
— et il y tenait ponctuellement parole.

P. Rimet était un bon fils, sincèrement
désireux de ne point contrister ses parents,
et il se conformait, sans trop en souffrir, à la
réglementation paternelle.

Malheureusement, au soir de cette journée
mémorable où son antichambre avait été
honorée de la présence de l'opulente fermière,
et alors que précisément il se disposait à rentrer

pour le dîner, le pauvre garçon avait été subitement frappé, au milieu de ses amis impuissants à le secourir, d'un accès violent et prolongé de *manillite aiguë* le condamnant à l'immobilité. La crise conjurée après plusieurs heures, il reprit, aussi rapidement que le lui permettait son état encore chancelant, le chemin de la maison de famille. Quand il y arriva, il était exactement dix heures trente-sept minutes ; mais depuis six minutes, un petit coup sec du verrou protecteur avait isolé M. et Mme Rimet du reste des humains. Le stagiaire eut beau frapper, carillonner, appeler, crier, le verrou demeura inflexiblement rivé à son anneau.

Une seule ressource s'offrait à l'exilé, et il en profita, la banquette d'un café qui l'hospitalisa, en tête à tête avec un grog bouillant et un vieux magazine, jusqu'à minuit et demi. Et après ?

Il ne pouvait décemment se présenter à l'asile de nuit dont au surplus les portes sont closes à sept heures et demie. La Vesle et le Canal ne lui proposaient que des ponts inconfortables. Et il faisait un froid excessif...

Mais j'ai déjà dit que M⁶ Paul Rimet était un garçon de ressource.

Avec un admirable à-propos, il se souvint que, dans le cours de la journée, lui avait été appris le décès, survenu le matin même, de la jeune femme d'un de ses bons amis exerçant les fonctions d'huissier. Il lui vint alors à l'esprit une de ces idées que votre cerveau ni le mien n'auraient jamais pu enfanter.

A une heure du matin, il sonnait discrètement à la porte de l'officier ministériel endeuillé. Celui-ci l'accueillit avec une amabilité naturellement fort triste, mais avec un peu de visible surprise.

« Mon cher ami, lui dit Rimet, pardonne-moi ma visite tardive. Je viens d'apprendre, au retour d'un voyage, le coup si cruel qui te frappe en plein bonheur ; et je n'ai pas voulu rentrer chez moi, malgré ma grande fatigue, sans t'apporter l'expression de mes sympathies les plus sincères et les plus désolées. Ta pauvre jeune femme, si gracieuse, si aimable, si accueillante ! est-ce possible ? Permets à mon amitié de déposer sur sa chère dépouille l'hommage de mes prières et de mes regrets. »

Il s'avança jusqu'à la couche funèbre où

semblait simplement assoupie l'épouse justement pleurée, l'aspergea pieusement de l'eau
bénite, la contempla longuement avec une
douloureuse émotion. Puis, passant en une
chambre contiguë, il s'enfonça dans un vaste
fauteuil voisin d'un poêle ronronnant et rayonnant d'une douce chaleur, et s'endormit
jusqu'au grand jour, d'un sommeil réparateur
que personne n'eut l'indiscrétion de troubler.

Ce fut la seule fois où il fut infidèle à la
convocation du verrou paternel. Par la suite,
il rentra au logis très exactement à dix heures
vingt-neuf minutes.

LA GIROUETTE

Il arriva une assez singulière aventure quasi-professionnelle, au début de sa carrière, à M. X... qui fut plus tard magistrat à Reims, et qui a suivi normalement une belle progression dont était digne son réel mérite.

La ville où il se trouvait alors comme substitut était dotée d'un établissement d'aliénés. Or un matin, un pensionnaire furieux et dangereux de cet hospitalier asile trompa la vigilance de ses gardiens, s'enfuit à travers les rues de la paisible cité, y répandant un certain effroi. Les quatre gendarmes de la brigade, les trois sergents de ville de la police municipale, quelques pompiers, gardiens ou citoyens courageux se mirent vaillamment à sa poursuite. Le fugitif, jeune et agile comme un singe, eut tôt fait de se hisser sur les toitures d'où les clameurs de la foule, les objurgations de

M. le Maire et même les jets de la pompe à incendie ne purent le déterminer à déguerpir. Bien plus, il devint un véritable péril ; car il se mit à projeter avec adresse sur les curieux et même sur les autorités réunies des tuiles, des débris de faîtages, des briques et des moellons arrachés aux toitures et aux cheminées derrière lesquelles il se dissimulait.

Il fallait en finir. M. le Substitut, accouru des premiers sur le théâtre de ce fait-divers menaçant de tourner au tragique, se souvint qu'il était un très adroit tireur. Il s'arma résolument d'une bonne carabine ; et, bien entendu, sans la moindre intention homicide, il tira dans la direction du redoutable idiot, avec l'unique désir de l'effrayer et de l'amener à complète soumission.

Sa petite stratégie fut couronnée de succès. Le dément ayant encore un suffisant instinct de sa conservation, dès le premier sifflement perçu par son oreille, dégringola avec une rapidité surprenante, le long d'un tuyau de gouttière au pied duquel il fut doucement cueilli par la main de la maréchaussée pour être incontinent réintégré et bouclé en son cabanon.

Bien qu'elle ne soit pas absolument banale, cette petite histoire serait sans grand intérêt et n'aurait pas trouvé sa place dans la collection de mes souvenirs, si elle n'avait eu à Reims une sorte d'épilogue fourni par le hasard parfois assez malin.

De longues années l'avaient sans doute fait oublier, quand ce distingué magistrat vint prendre à Reims le service judiciaire important auquel il avait été appelé ; et son premier soin fut de s'assurer, pour sa famille et pour lui-même, une installation confortable.

Après d'assez difficiles recherches, il prit à bail un petit hôtel particulier, fort bien situé au centre de la ville, en un quartier agréable, rue du Grand-Encrier. Cet hôtel, de construction ancienne et banale, ne se distinguait point par un style quelconque ; rien ne le signalait à l'attention du passant.

Pour l'œil plus vigilant du magistrat, il présentait pourtant une particularité qui ne devait point lui avoir échappé : il portait à son faîte une girouette ; non point une girouette ordinaire, comme le petit drapeau flottant de zinc découpé, ou le vulgaire canard ; non, cette girouette, comme de véritables armes parlantes, avait certainement fixé sa détermination : elle représentait, *au sommet de la toiture, un chasseur, le fusil à l'épaule droite, visant un gibier imaginaire.*

—

PLAID SUR MESURE

« Vous venez, paraît-il, au début de l'audience ? Quel temps comptez-vous prendre ?

— Vingt minutes, » répondis-je avec assurance.

L'aimable confrère qui m'avait interpellé sourit d'un petit air incrédule et défiant :

« Oh ! me dit-il, vingt minutes, nous savons ce que cela veut signifier : quelque chose dans les deux heures.

— J'ai dit vingt minutes, affirmai-je énergiquement ; pas une de plus.

— Non, non, pas d'imprudence, continua mon impitoyable confrère, vingt minutes ! mais vous vous blesserez en courant d'une pareille allure ; nous vous octroyons trois quarts d'heure.

— Vingt minutes, insistai-je un peu énervé. Voulez-vous risquer le panier de champagne ?

— C'est entendu, je tiens la gageure.

— Puisqu'il en est ainsi, permettez-moi d'inviter dès maintenant tous nos bons confrères ici présents, et même les autres, à déguster demain chez vous, votre excellent *Pommery half dry ?* »

Lorsque le Président m'eut donné la parole, et avant de la prendre, je regardai avec une certaine affectation le cadran de l'horloge ; puis, très ostensiblement encore, je tirai ma montre de son gousset, et l'installai devant moi sur la barre.

Le sourire amusé et surpris des magistrats, à voir ce geste expressif, mais insolite, m'obligeait à une explication. Je fis comprendre au Tribunal que j'avais pris vis-à-vis de moi-même et envers mes confrères l'engagement d'être très bref. Et voulant tenir ma promesse, j'entrai immédiatement dans le vif de la question délicate de droit faisant le fond même du procès.

Il était exactement une heure 27 minutes.

D'une main — si j'ose m'exprimer de la sorte — je serrai mon argumentation ; et de l'autre, je veillai sur la marche de mes aiguilles.

Vers la seizième minute, la petite porte du Barreau s'ouvrit ; la malicieuse théorie de mes confrères intrigués vint se placer en bataille pour jouir de mon inévitable défaite.

J'entendis même distinctement l'un d'eux énoncer avec un soupçon de satisfaction : « Dix-sept minutes ! il en est encore à proposer la division de ses quatre systèmes !... »

Mais non ; la bonne âme se trompait absolument ; je résumais en quelques points précis et concis l'ensemble de ma plaidoirie.

A la dix-neuvième minute, je déclarai victorieusement persister en mes conclusions et je m'assis... sur mes lauriers.

Le Président, M. Droüard, me fit un petit signe aimablement approbateur, et montrant de l'index le grand cadran, prononça : « Exactement dix-neuf minutes. » C'était un chronométrage officiel à l'abri de toute révision.

Mon loyal partenaire de l'imprudente gageure s'exécuta de la meilleure grâce du monde. A quelques jours de là, en son vaste cabinet, et en présence du barreau ou du moins de son imposante délégation, il versait... un à-compte supérieur, demi-sec et de la bonne marque.

Pour compléter mon triomphe, j'eus la bonne fortune de gagner mon procès.

*
* *

Mais pourquoi me faut-il aujourd'hui assombrir d'un triste crêpe l'épilogue de ce gracieux et plaisant souvenir ?

Ce cher et bon confrère, Me Auguste Vassart, vient de nous quitter, sans se libérer entièrement vis-à-vis de moi. Dieu sait que depuis longtemps je lui avais fait remise de sa dette.

La mort nous l'a ravi en pleine prospérité, après une trop courte carrière que notre unanime sympathie pour son beau caractère, et notre admiration pour son grand talent avaient consacrée par les honneurs du bâtonnat.

Certes, ce n'est point dans le cadre volontairement égayé de ces souvenirs légers que je puis songer à placer le portrait de ce jeune Bâtonnier, dont le *curriculum vitæ* demeurera pour moi le plus remarquable exemple de ce que peut une belle intelligence soutenue d'une forte volonté.

Si je me suis permis de l'évoquer ici, c'est

qu'il aura été pour nous, et à son heure, l'artisan choisi des inévitables transitions.

En introduisant au milieu de nous, dans la mesure où elles étaient admissibles, des allures un peu plus modernes, il n'en était pas moins demeuré le disciple fidèle, respectueux et convaincu de nos vieilles règles de dignité, de probité, d'honneur, de courtoisie, de tolérance. Il tenait, plus que tout autre, à voir se perpétuer, à la parlotte et dans nos rapports, cette bonne humeur qui rend si agréables nos quotidiennes rencontres.

Combien de fois m'a-t-il incité à réunir cette collection de mémoires personnels et de famille qui — ai-je le droit de le dire sans un peu de présomption ? — eussent facilement provoqué son sourire si limpidement aimable et franc ! Son désir, exprimé à la veille même de ce départ qui l'acheminait, sans illusion peut-être, vers le dernier voyage, n'aura pas été le moindre mobile qui m'a déterminé à l'entreprise de ce modeste travail.

LA RÉFORME DU JURY

Il ne faut pas dire trop de mal de l'institution du Jury criminel. Elle n'a point, en somme, donné de si mauvais résultats. Elle fait une place à la pitié, au sentiment humain et vaut mieux après tout, dans le domaine répressif, que cette justice sèche de magistrats heureusement assez rares aujourd'hui, qui ne voient autre chose à faire, pour la sanction des délits, qu'une application froide et mathématique d'un texte du Code Pénal.

Ce qui peut être critiqué dans le mécanisme de la loi de 1832, c'est uniquement le choix des jurés de plus en plus subordonné à des considérations trop locales. Ce vice de fonctionnement, plutôt que de principe, nous a valu et nous vaut encore parfois des verdicts étranges. On peut presque considérer comme classique cette délibération du Jury, accordant généreusement le bénéfice des circonstances atténuantes à un accusé que la première réponse de son verdict vient d'acquitter.

Ceci me rappelle, au passage, le souvenir d'une affaire d'avortement qui se termina par un acquittement général, y compris celui de la « faiseuse d'anges ». Néanmoins, voulant ne laisser aucune partie de leur tâche inachevée, les jurés consciencieux avaient jugé utile de répondre *affirmativement* à la question spéciale de circonstance aggravante concernant cette accusée principale : « Est-elle sage-femme ? » Ce qui m'avait permis de lui dire, avec une pointe de malice qui n'était peut-être pas du meilleur goût :

« Vraiment, le Jury vous comble : il vous délivre une attestation, un véritable brevet de sage-femme. Si jamais quelqu'un se permettait de vous contester votre diplôme, vous pourriez invoquer l'arrêt d'aujourd'hui qui vous en octroie une consécration judiciaire. »

Je crois, heureusement, qu'elle n'a rien compris à ma pauvre boutade.

Il faut être indulgent pour le Jury qui, malgré ses insuffisances partielles, demeure

généralement formé de braves gens, remplis
de bonne volonté et d'intentions très droites,
et qui, souvent, tombent pour la première
fois au milieu de ce mécanisme compliqué,
aux rouages contradictoires, qu'est forcément
l'instruction à l'audience d'une affaire criminelle. En quelques heures, sous le poids d'une
responsabilité dont ils ont le sentiment, ils
ont le devoir de dégager une solution équitable
et terrible de débats où se sont entrechoquées,
avec une égale bonne foi et une égale habileté,
les argumentations les plus inconciliables. De
leurs verdicts dépendront, et ils le savent bien,
la vie, l'honneur, la liberté, le patrimoine non
seulement de l'accusé, dont ils ne connaissent
point les origines, les tares ataviques, les
faiblesses de nature, les défauts d'éducation,
les mystérieuses impulsions, la mentalité
intime, — mais encore de sa famille, de ses
enfants, victimes pitoyables sur qui retombe
trop souvent le fardeau des châtiments par
eux immérités. Avouons qu'il est cent fois
plus facile et moins troublant de statuer sur
de banales querelles de mitoyenneté.

Ces réflexions sont à peu près celles qu'émettait un jour devant nous un magistrat rémois, profond observateur et judicieux sociologue.

« Je m'étonne, ajoutait-il, qu'on n'ait point recours, pour la composition des jurys d'Assises, à une catégorie de citoyens très estimables et qui réunissent le plus grand nombre des qualités adéquates à ce service délicat. Ce sont des hommes de devoir, de conscience intègre, de dévouement à la sécurité sociale, psychologues même à leur manière. Mieux que personne, ils connaissent la nature, les instincts, les ruses des criminels avec qui leurs fonctions les mettent journellement en rapport. Ils savent ce qu'il entre dans l'accomplissement d'un acte punissable, d'entraînement de jeunesse, de faiblesse de caractère ou au contraire de perversité personnelle. Ils en imposent par le prestige de la force dont les rigueurs sont parfois nécessaires, et sont, entre leurs mains, justes et légales ; et ils sont accessibles aux sentiments de la pitié et de l'indulgence. Ces bons citoyens, que je voudrais voir assis au banc des jurés, ce sont les... gendarmes. »

AVEZ-VOUS VU ?

Dans le bureau d'un gros négociant rémois,
M. Garçon, une discussion très vive, d'ordre
d'ailleurs purement commercial, s'était élevée
entre celui-ci et l'un de ses concurrents,
M. Vaget. Les esprits échauffés des deux interlocuteurs en étaient bientôt venus aux mains,
— si l'on veut bien me pardonner la hardiesse
de la métaphore. Elle n'est point du reste tout
à fait inexacte, puisque, à un moment donné,
sous le coup d'une répartie particulièrement
discourtoise de M. Vaget, la main musclée de
M. Garçon offrit au large visage de son adversaire une paire de soufflets vigoureux et surtout
retentissants.

Le premier mouvement de M. Vaget fut de
sauter à la gorge de son agresseur. Mais il sut
se contenir.

Le second état de ses réflexions l'incita à

dépêcher à M. Garçon deux messieurs de ses amis, qui, graves et solennels, auraient proposé une rencontre exterminatrice... Il se contint encore.

Il s'arrêta à un troisième parti plus calme, moins dangereux et qui s'annonçait comme devant être d'une plus certaine efficacité. Il fit citer M. Garçon en Police correctionnelle.

Peu nombreux étaient les témoins, employés ou clients qui, dans l'intérieur du magasin et assez éloignés du bureau, n'avaient prêté qu'une oreille distraite à l'entretien très animé des deux patrons, et n'apportaient à l'instruction qu'une insuffisante lumière.

Mais il en était un sur lequel comptait beaucoup M. Vaget et qu'il n'avait pas hésité à faire citer, bien qu'il fût attaché à la maison de son adversaire. C'était en effet M. Laplume, comptable de M. Garçon.

Laplume était un très honnête homme qui, malgré sa situation d'appointé de l'une des parties, ne consentirait jamais à dire le contraire de la vérité. Il n'était pas possible qu'il ignorât le moindre détail de la scène violente, puisque, au moment où elle avait eu lieu, il travaillait dans le bureau même qui en avait été le champ clos.

Il était cependant assez ennuyé, ce pauvre Laplume. Sans doute, il ne faillirait pas au devoir de sa conscience. Il savait bien d'autre part que son patron, dont il avait et méritait l'estime, ne le congédierait vraisemblablement pas à la suite de sa déposition, même si elle lui était défavorable. Tout de même, ses rapports avec M. Garçon en seraient refroidis et sa situation ébranlée ; en tous cas, c'était l'abandon de tout espoir d'augmentation rêvée.

Heureusement, par l'intervention secourable et assez involontaire du Président d'audience, la bonne Providence eut pitié des scrupules du consciencieux Laplume.

« Témoin, lui dit avec autorité le magistrat, vous étiez bien dans le bureau de votre patron, M. Garçon, au moment de la scène ?

— Oui, M. le Président.

— Et vous n'avez pas quitté ce bureau depuis le commencement de la discussion jusqu'à la fin ?

— C'est encore parfaitement exact.

— Dans ces conditions, vous avez dû certainement voir M. Garçon se livrer à des voies de fait sur M. Vaget ?

— Non, M. le Président.

— Comment, non ! Mais vous reconnaissez que vous n'avez pas abandonné un seul instant le bureau ; il est au surplus de dimensions restreintes, et ces deux Messieurs étaient près de vous. Vous ne pouvez pas ne pas avoir vu le geste de M. Garçon ?

— Je ne l'ai pas vu, M. le Président.

— Voyons, Laplume, vous êtes unanimement considéré comme un très honnête homme. Vous savez à quoi vous exposerait un témoignage contraire à la vérité. Peut-être vous laissez-vous influencer par la position dépendante dans laquelle vous met votre emploi chez M. Garçon ? »

M. Garçon intervenant : « M. Laplume sait que je lui laisse la plus entière liberté de dire ce que lui dictera sa conscience. »

— Vous le voyez, reprend le Président, vous voilà absolument à l'aise. Allons, je vous le demande une dernière fois ; oui ou non, avez-vous vu M. Garçon porter deux gifles au visage de M. Vaget ?

— J'affirme, M. le Président, ne l'avoir point vu.

— C'est bien ; vous pouvez vous retirer. »

C'est ce que fit avec empressement le brave,

comptable heureux de se trouver en règle avec sa scrupuleuse loyauté.

En présence des nébulosités des précédents témoignages et de la déposition à la fois ferme et négative de M. Laplume, le Tribunal n'hésita plus. Il renvoya M. Garçon purement et simplement exonéré des fins de la plainte. Je crois même qu'il alla jusqu'à condamner le sieur Vaget à des dommages-intérêts envers Garçon, pour abus de citation.

A un ami qui s'étonnait un peu de ses déclarations à l'audience, l'honnête Laplume donna cette admirable explication :

« Mon Dieu, c'est pourtant bien simple. J'étais tranquillement à mon pupitre, occupé à relever mon Grand-Livre. Je tournais le dos à ces Messieurs, et à aucun moment je ne virai le regard de leur côté. Assurément, je ne perdis point un mot de leur querelle. Je ne nie point que j'ai parfaitement *entendu* les deux gifles sonores appliquées par mon patron sur les joues de M. Vaget. Seulement, ce n'est pas là ce qui m'a été demandé par M. le Président. « Avez-vous *vu* ? » m'a-t-il dit expressément et uniquement. Or, la vérité est que je n'ai pas

vu, je n'avais donc pas autre chose à faire que
de répondre négativement. Ah ! s'il m'avait
demandé : « Avez-vous entendu ? » c'eût été
autre chose. Mais il ne me l'a pas demandé. »

La casuistique est vraiment une des plus
belles découvertes philosophiques de l'intelligence humaine. Le tout est de savoir s'en
servir, ce qui n'est point à la portée du premier
venu.

UN JEUNE CONFRÈRE

Voici un petit trait qui sort du four de la dernière audience. Vous ne doutez pas du plaisir que j'ai de vous l'offrir tout chaud encore et croustillant.

Alignés au pied du Tribunal correctionnel, une brochette de jeunes vauriens inculpés de multiples larcins et d'essais de cambriolages, par quoi ils se font la main et cultivent l'apprentissage de leur future carrière.

Encore novices pour la plupart, ils ont des attitudes plutôt humiliées et pleurardes. Il en est un pourtant, pas plus haut qu'une botte, à la mine futée, à l'œil vif, à la pose provocatrice, et surtout à la parole empressée et facile, qui paraît avoir sur les « copains » un réel ascendant de chef d'escouade. Il se hâte de répondre, sans y être invité bien entendu, aux questions adressées à ses camarades par le juge faisant fonctions de Président ; et, d'un air effronté, il sort des dénégations, des protestations et des affirmations dont visiblement le mensonge imperturbable fait l'élément à peu près exclusif.

Tant et si bien que l'excellent Président d'audience l'admoneste de cette répartie vraiment savoureuse :

« Mais enfin, vous tairez-vous ? Comment, vous êtes le plus petit et le plus jeune, et vous voulez parler pour tout le monde ! C'est à croire, ma parole, que vous êtes *l'avocat* de la bande... C'est sans doute pour cela que vous êtes si habile à défigurer la vérité ! ! ! »

Les confrères présents à la barre se contentèrent de sourire d'un air fort amusé.

Je m'empresse de dire que le bon juge en fit tout autant. Il avait voulu simplement produire un mot spirituel et il y avait, au moins à demi, réussi. Son habituelle et très aimable courtoisie à l'endroit du Barreau ne permettait aucune autre interprétation.

Cette facétie sans malveillance ne nous restera pas sur le cœur. Je me contente, pour ma part, de la recueillir et de l'enchâsser dans l'écrin de nos meilleurs souvenirs.

LA ROSETTE

Au temps lointain de ma cléricature, j'étais attaché à l'Etude de Me Théodore Germain du Var, Avoué près le Tribunal de première Instance de la Seine.

Me Germain du Var était le meilleur homme du monde, en même temps que le plus aimable et le plus bienveillant patron ; j'ai gardé de lui un excellent souvenir.

Son âge — il avait alors environ cinquante-cinq ans, — sa haute taille, sa solide corpulence, sa belle tête conservant une chevelure abondante et légèrement bouclée, son large visage expressif et toujours épanoui en un bon sourire, ses favoris grisonnants et soignés, lui constituaient un ensemble assez représentatif.

Au don de ces avantages naturels s'ajoutait le prestige d'une large rosette dont la nuance écarlate se détachait vigoureusement sur le sombre revers de l'immuable redingote. Il fallait un œil très subtil et très exercé pour y découvrir, sous un des plis menus du ruban, un mince filet vert qui, à quelque distance, et pour un regard inappliqué, n'en interrompait point la rouge homogénéité.

Car il faut bien l'avouer, Me Théodore Germain du Var n'était point immatriculé au grand Registre de notre Ordre national. Il avait l'honneur, déjà fort appréciable, d'être pourvu du titre et du brevet d'Officier de l'Ordre Ottoman du Médidjié ; il les devait assurément à ses mérites personnels qui lui avaient valu la distinction flatteuse d'être choisi comme Conseil de l'Ambassade de Turquie, et la récompense rubiconde de ses services exceptionnels.

Or, il y avait à la Justice de Paix du Ier arrondissement, au quartier de Saint-Germain-l'Auxerrois, un vieux et malin greffier qui avait été, je crois, condisciple de Me Germain du Var en un grand lycée de Paris, et qui, par un privilège réservé à fort peu d'initiés, connaissait l'histoire de la rosette.

Un matin, au Cabinet de cette Justice de Paix, était assemblé, avec l'assistance de Mᵉ Germain du Var, le Conseil de famille d'une maison des plus aristocratiques inscrites à l'Armorial français.

Le magistrat arrondissementier somnolait pendant que le greffier entreprenait la lecture de son procès-verbal :

« ..... Par devant Nous, Juge de Paix du premier arrondissement de Paris, ont comparu : 1º Son Altesse le Prince de X... ; 2º Monsieur le Duc de Y... ; 3º Monsieur le Marquis de Z..., assistés de leur Conseil, Maître Théodore Germain du Var, avoué près le Tribunal de première instance de la Seine, Officier de l'Ordre National de la Légion d'Honneur... »

A ces derniers mots, le Juge de Paix, qui n'était pas décoré du tout, ce qui était humiliant, ouvrit et dirigea sur la fulgurante rosette un œil chargé de respectueuse admiration et d'un peu de convoitise.

Le vieux rédacteur du procès-verbal s'était un instant arrêté, comme pour se donner le temps de respirer après une longue période ; mais en réalité pour se ménager le plaisir malicieux de couler, par dessus ses lunettes, à son cher labadens, un regard où perçait la plus facétieuse ironie.

Quant à M⁰ Théodore Germain du Var, sa situation devenait assez embarrassante. Son front se colorait d'une fugitive rougeur ; son permanent sourire se voilait un instant.

Laisser figurer en un document officiel un titre honorifique dont il n'avait pas le diplôme, était chose grave, pouvant tôt ou tard l'exposer à de sérieux ennuis.

D'un autre côté, il était pénible d'avouer à la Haute Noblesse, qui lui témoignait une déférente confiance, qu'il n'était officier que du Grand-Turc.

En réalité, personne n'eut le temps de s'apercevoir de son trouble passager.

Mᵉ Germain du Var était l'homme des habiles coups de barre et doué d'un merveilleux à-propos justement réputé au Palais.

Il prit un air modeste, et dit simplement, accompagnant ses paroles d'un geste qui en accentuait la signification :

« Mon Dieu, M. le Greffier, je vous serai très obligé de ne point maintenir, en votre procès-verbal, la mention du titre honorifique dont vous voulez bien faire suivre mon nom. Je me suis fait une règle de ne jamais prendre cette qualité dans les actes où je ne figure que comme officier ministériel. »

Le malin greffier, riant sous cape, poursuivit sa lecture.

Mᵉ Théodore Germain du Var avait victorieusement franchi le Rubicon.

ARTICLE 496 DU CODE CIVIL

Il y a dans la vie judiciaire, tout autant que dans les relations sociales, des rencontres bien imprévues et des coïncidences absolument fâcheuses.

On en jugera par le petit trait suivant, réellement fort plaisant, qui vient d'éclore et que je me hâte de recueillir en toute sa fraîcheur. La fantaisie la plus imaginative n'aurait osé l'inventer ; — et, fort heureusement, il n'eut d'autre conséquence que de provoquer chez ceux qui en furent les auteurs ou les victimes involontaires un franc et général accès de saine gaieté.

Or donc, le Tribunal était réuni en sa Chambre du Conseil pour y procéder, en vertu de l'article 496 du Code Civil, à l'interrogatoire de deux pauvres déments, frère et sœur, dont la famille sollicitait l'interdiction, et qui patiemment attendaient en l'antichambre leur tour de comparution.

Le moment venu, le Président ordonna élégamment à l'huissier de service : « Faites entrer les *deux idiots.* »

A cet instant précis, et dans l'encadrement de la porte ouverte par la main de l'huissier, se détachèrent, correctes et graves, les silhouettes de deux honorables personnages : M. le Bâtonnier de l'Ordre des Avocats et M. le Président de la Chambre des Avoués, venant de concert entretenir le Tribunal de questions d'ordre intérieur auxquelles les deux Compagnies étaient intéressées.

Cette apparition inattendue, cette sorte de substitution instantanée et certainement imprévue se présentait si drôlatiquement, et avec une si malicieuse coïncidence, que les magistrats ne purent tenir leur sérieux, et se laissèrent aller à l'explosion d'un expansif éclat de rire.

Le distingué Bâtonnier et le sympathique Président de la Compagnie des Avoués furent tout de même un peu interloqués de cet accueil vraiment trop exubérant auquel ils n'étaient pas préparés. Ils demeuraient immobiles sur le seuil, et sous la convergence des regards légèrement et joyeusement ahuris de MM. les Magistrats.

Cependant, sur la courtoise invitation du Président, ils osèrent pénétrer plus avant au sanctuaire, où d'ailleurs l'entretien auquel ils furent aimablement conviés n'eut rien de commun avec l'interrogatoire de l'article 496.

Cet entretien toutefois ne devint possible que quand se fut complètement apaisée la crise de bonne gaieté à laquelle, après explication, et en gens d'esprit et de bon caractère, ils prirent franchement et largement leur part.

Quant aux deux « vrais idiots », ils en furent quittes pour faire un peu plus longtemps antichambre.

Mais vraiment, pour ce qu'ils avaient à faire dans la vie !.....

CHOIX DE PERLES... VRAIES

1. — Un Client laborieux.

« L'honorable organe du Ministère public
« ose affirmer, Messieurs les Jurés, que mon
« client était un fieffé paresseux. Je suis
« heureusement en mesure de dissiper dans
« vos esprits cette fâcheuse opinion. J'ai entre
« les mains le certificat d'un honnête culti-
« vateur, attestant que dans la semaine qui a
« précédé son arrestation, mon malheureux
« client a travaillé *quinze jours*. »

2. — Guide-Anes.

Au cours de la visite officielle qui se faisait
autrefois au Président des Assises la veille de
l'ouverture de la session, la conversation lan-
guissait lamentablement. L'un de nous, ayant
en général le compliment facile, dit au magistrat : « Vous avez publié, M. le Prési-

« dent, un petit volume très complet et très
« utile pour la direction des débats de la Cour
« d'assises. Vous en indiquez avec méthode et
« clarté les rouages un peu compliqués. Vous
« mettez le président, les jurés, la défense en
« présence de leurs devoirs respectifs ; vous
« notez surtout avec soin les écueils de nullité
« à éviter. En somme, ce petit manuel est
« précieux pour les magistrats appelés à
« gouverner les évolutions toujours assez diffi-
« ciles d'une affaire criminelle.

— « Oh ! répondit le Président avec une
« feinte bonhomie, ce que j'ai fait est un
« ouvrage élémentaire et sans prétention :
« c'est tout simplement un *guide-ânes*. »

3. — Reconnaissance.

« Comment, X..., c'est encore vous au banc
des prévenus ! Vous êtes donc un vagabond
incorrigible ? C'est moi qui déjà vous ai jugé
il y a six mois, et le Tribunal s'était alors
montré fort indulgent pour vous. Voyons,
regardez-moi bien ; est-ce que vous ne me
reconnaissez pas ?

— Oh ! si, M. le Président, je vous reconnais
bien.

—Et alors, qu'est-ce que vous avez à me dire ?

— Ben ! j'ai à dire que vous n'avez pas trop changé, si ce n'est que vous avez l'air *encore bien plus*...... *bête* que la dernière fois ! ! »

4. — Infidèle témoin.

« Dites donc, prévenu, vous n'avez pas été fort bien inspiré en faisant citer comme témoin à décharge l'honorable M. L..., dont vous espériez une déposition complaisante. *Malheureusement* ce témoin est honnête, et s'est refusé à dire autre chose que la vérité. »

5. — On veut un titre.

Un mari... désillusionné et pleinement convaincu de sa situation, eut l'idée assez nouvelle de citer son infidèle épouse devant M. le Juge de Paix, pour, à raison du tort à lui causé par les coups de canif donnés au contrat, obtenir un franc de dommages-intérêts, — et en outre, des insertions comme complément de réparation.

La femme défenderesse, jeune et rougissante, reconnut sans difficulté ses torts et déclara s'incliner devant la demande de son adversaire, s'en rapportant au surplus à la sagesse du Tribunal.

« Mais enfin, dit au mari le magistrat un peu ahuri de ce singulier et pas banal procès, pourquoi ne demandez-vous pas le divorce ou la séparation ?

— Ce n'est pas du tout ce que je désire, répondit l'époux demandeur.

— Eh bien ! alors, qu'est-ce que vous voulez ?

— Ce que je veux, c'est pourtant facile à comprendre. Je veux que ma triste situation soit consacrée par un jugement. Je veux un *titre authentique*.

— Mon ami, puisque vous êtes d'accord avec votre femme, ne feriez-vous pas mieux d'en faire dresser acte par un notaire ? »

6. — Pauvre petit.

« Femme X..., le Parquet vous reproche
« d'avoir délaissé votre jeune enfant, et de
« l'avoir mis par votre coupable négligence,
« dans un état tel qu'il en serait mort, si l'on
« n'était intervenu à temps. Ce que vous avez
« fait est réellement abominable. Vous avez
« abandonné pendant des journées entières ce

« malheureux petit être sans surveillance,
« sans soins, sans nourriture, sans moyens
« d'existence, sans ressources, *sans argent...* »
Or le pauvre bambin marchait sur ses *quinze mois*. Qu'aurait-il pu faire d'un porte-monnaie ou d'un chèque sur la Banque de France ?

7. — Le Faune.

Fragment d'interrogatoire

Le Président *(très myope).* — Voulez-vous bien vous expliquer sur une expression particulièrement injurieuse dont vous vous êtes servi, et qui m'a paru d'ailleurs bien nouvelle. Vous avez traité le gendarme de *Faune couché.*

Le Prévenu. — Vous dites, M. le Président ?

Le Président. — Je dis : *faune couché.*

Le Prévenu. — Moi? je ne sais même pas ce que cela veut dire.

Le Président. — C'est précisément ce qui est déraisonnable de votre part. Vous proférez ainsi des injures dont vous ne savez même pas le sens. Votre excuse, si vous pouviez être excusé, serait que vous ne connaissez probablement pas la mythologie.

Le Prévenu. — Non, M. le Président, je ne l'ai jamais rencontrée.

Le Président. — Enfin, oui ou non, l'avez-vous dit?

Le Prévenu. — Non, M. le Président.

Le Président. — Ne persistez donc pas dans vos dénégations; c'est en toutes lettres au procès-verbal. Je m'étonne que cette locution singulièrement outrageante ait échappé à la sagacité de M. le Substitut.

Le Substitut (un peu piqué). — Voulez-vous bien, M. le Président, me faire passer le procès-verbal?

Le Président. — Très volontiers.

Le Substitut (après examen). — Mon Dieu, M. le Président, je ne vois rien de semblable, sinon, je l'aurais sévèrement relevé.

Le Président (avec huméur). — Alors, je ne sais plus lire?

Le Substitut. — Je ne dis pas cela, M. le Président, je lis simplement autre chose.

Le Président. — Eh bien! dites-le, puisque vous savez lire, vous.

Le Substitut. — Voici les termes exacts du procès-verbal : « ... et à cet instant le nommé X... nous a traité de *fausse couche.* »

Le Prévenu. — Ah! ça, c'est vrai, je le reconnais et même je le réitère.

8. — Opinion réfléchie.

Nous sommes à l'audience correctionnelle du Tribunal de Goulebon-sur-Océan. A la gauche du Président est assis un juge encore jeune, dont les boutades spirituelles parfois, le plus souvent simplement originales, ont fait pendant quelques années à Reims l'aliment de nos joyeuses réunions. Mais le visage de l'assesseur est plutôt assombri et mécontent. Il est visible qu'entre lui et le Président s'élève la glace d'une antipathique intimité.

Le rôle est très chargé. Il faut un peu se hâter.

Tout d'abord, et à la suite des débats très rapides des deux ou trois premières affaires, le Président consulte ses deux collaborateurs en commençant par celui qui est à sa gauche. L'opinion de celui-ci a peu de succès, à en juger par l'éloquence muette de la mimique des Magistrats.

L'assesseur numéro deux prend alors la pose et l'attitude d'un écolier boudeur, et semble s'intéresser beaucoup moins à l'instruction des affaires de l'audience. Cependant avec une parfaite correction, le Président se tourne chaque fois vers lui, sollicitant son opinion.

Quarante-trois fois, respectant religieusement le secret des délibérations, il répondit d'une belle voix de baryton : « Moi, je m'en f... »

9. — Passez vos dossiers.

Cette même ville de Goulebon avait encore la bonne fortune de compter un Juge de Paix, M. Champenois, dont la préparation à la carrière s'était accomplie à Reims. Il était d'ailleurs un très honnête magistrat, mais appartenait à cette catégorie de scrupuleux qui ne peuvent jamais se décider à... prendre une décision.

Ayant entendu les plaidoiries d'une affaire délicate d'action possessoire, il dit aux avoués contradicteurs, dont l'un était mon vieil ami d'école, Mᵉ Emile D..., un de nos meilleurs procéduriers :

« Jugement à quinzaine. Veuillez faire passer vos dossiers. »

A la quinzaine, il prononça en effet un beau et solide jugement, donnant entièrement gain de cause à mon excellent ami, ce qui n'avait rien de surprenant.

Mais celui-ci n'en éprouva pas moins un

peu de stupéfaction quand, sous la cote du dossier rentré en sa possession, il leva le texte original du jugement... écrit entièrement de la main même du second assesseur du Tribunal de première instance.

Le juge cantonal et le magistrat assesseur s'entendaient et se complétaient à merveille. Le premier trouvait dans la science juridique et l'esprit de décision du second le point d'appui qui manquait à ses irrésolutions.

Quant au deuxième assesseur au Tribunal, il avait ainsi un débouché honorable et sûr pour ses opinions judiciaires dont ses collègues de première instance se montraient si dédaigneux.

10. — Notaire honnête.

M. le Substitut requérait avec une très juste sévérité contre un de ces escrocs en jaquette, doublés de véritables lâches, qui s'en vont à travers les campagnes, et à l'aide des discours les plus insidieux, soutirent aux vieillards séduits par leurs alléchantes promesses, de bons et solides titres de rente, pour leur substituer les papiers les plus invraisemblablement hypothétiques :

Actions de la Compagnie Universelle de l'Agglutination mécanique des Sables du Nil ;

Obligations hypothécaires du Funiculaire de la Grande Pyramide ;

Parts de fondateur de la Société Dahoméenne pour la fonderie automatique des Pavés de bois, etc..., etc...

Pour mener à bien ses petites opérations, ce financier de maison centrale entraînait ses victimes chez un notaire, chez *leur* notaire, et se faisait donner une procuration nécessaire pour le transfert des valeurs nominatives. L'intervention du notaire ne pouvait qu'augmenter aux yeux des malheureux exploités le sérieux de la combinaison destinée à les faire millionnaires.

La manœuvre avait une première fois réussi. Dans une étude d'un arrondissement voisin, le notaire étant absent, la procuration avait été préparée par un de ses clercs ; il l'avait, le soir même à son retour, authentiquée de sa signature. Notons que cet officier ministériel était d'une correction habituelle irréprochable et incontestée.

A Reims, la chose n'alla pas toute seule, où

même n'alla pas du tout. Le trop habile
marchand de papiers tomba chez M⁰ L... G...
qui, du premier coup d'œil, vit à qui il avait
affaire, et, avec sa rude et loyale franchise, ne
se gêna pas pour faire connaître son opinion
sur l'affaire et sur l'homme en se refusant
catégoriquement à recevoir la procuration
proposée. Le pseudo-banquier voulut le prendre
de haut ; mais sur l'idée émise par M⁰ L... G...
de consulter le Parquet, il partit en ronchon-
nant, entraînant ses deux victimes, homme et
femme, mécontents... de leur notaire, bien
entendu.

« A Ch..., disait donc le substitut, inter-
« pellant le prévenu, vous avez eu la chance
« d'obtenir une procuration, grâce à la
« complaisance, je pourrais presque dire à la
« complicité d'un officier ministériel dont je
« ne saurais trop blâmer la conduite
« professionnelle.

« Mais ici, vous avez été moins favorisé. Il
« s'est trouvé *heureusement* à Reims *un* notaire
« honnête qui... »

La Chambre des Notaires n'a pas cru devoir
s'émouvoir de cette injuste appréciation. M. le

Substitut aurait dû et pu savoir que Me L... G...
n'est point une exception.

Je me permets simplement de préciser —
connaissant bien Me L... G... et l'estimant
beaucoup — que si à Reims il ne restait plus
qu'un notaire honnête, ce serait celui-là.

11. — Les Box.

Lors de son avènement à la Présidence, le
premier et très louable soin du distingué
M. Hector fut de réaliser en la salle d'audience
de sages et nécessaires améliorations. La
Barre des Avocats notamment était très
éloignée du Tribunal; ce qui, joint à l'acous-
tique déjà défectueuse du trop vaste auditoire,
obligeait les plaideurs à surveiller leur élocution et contraignait les magistrats eux-mêmes
à une fatigante attention.

La barre des plaidoiries fut donc sensiblement rapprochée, et ménagea au demandeur
et au défendeur ces sortes de box qui
existent encore, destinés à leur tour à dispa-
raître dans l'ouragan des projets à la prochaine
exécution desquels est condamné notre temple
judiciaire.

Peu de temps après ces transformations, l'ancien Président, prédécesseur immédiat de M. Hector, eut l'occasion de venir en ce Palais de Justice où il avait siégé pendant une dizaine d'années et où il laissait l'excellent souvenir de sa parfaite courtoisie et de sa scrupuleuse loyauté.

Il vit et approuva sans réserve les idées ingénieuses de M. Hector :

« C'est parfait, dit-il, je ne puis qu'applaudir
« à l'heureuse pensée de ce rapprochement des
« avocats et du Tribunal. La barre était vrai-
« ment trop loin des magistrats et ne permet-
« tait que difficilement à la voix des orateurs
« de parvenir jusqu'à ceux-ci. C'est à ce point
« que, pendant les dix années de ma prési-
« dence, je n'ai pas pu saisir une seule
« plaidoirie. »

Je crois bien que le bon ex-président, dont l'esprit était assez fin, ironisait un peu. Ce qui est certain, c'est qu'il ne jugeait pas plus mal qu'un autre.

12. — Hommage à Vaissier.

Un avocat rémois, à qui je ne sais rien refuser, connaissant l'élaboration de ce recueil, m'a demandé avec insistance d'y admettre un extrait de ses *Poèmes judiciaires*; deux pauvres petits quatrains qui, a-t-il bien voulu me dire, lui ont été inspirés à la barre, à une audience de Cour d'assises et pendant ma plaidoirie.

Ce ne sont pas des perles, assurément; mais enfin, ne sachant trop où les placer, je leur ai donné mission de terminer ce chapitre un peu composite.

I. — RÉFORME JUDICIAIRE

Pour blanchir le plus noir criminel, inutile
De donner la parole à Maître... Chicaneau;
Frottez votre gredin au savon du Congo,
Vous le rendrez bientôt d'un blanc indélébile.

II. — UN DERNIER MOT

Jean Hiroux, déjà le cou pris dans la lunette,
Jette un regard inquiet dans le seau où sa tête
Va tomber : « Hé ! mon vieux, dit-il à son bourreau,
« F.... moi donc là-dedans un savon du Congo. »

SOBRIÉTÉ EXEMPLAIRE

Parmi les griefs nombreux dont Mme Pompavin étayait sa demande en séparation de corps, il en était un particulièrement grave et qui, par dessus tous les autres, exaspérait son adversaire : elle prétendait que son mari se livrait aux excès quotidiens de la plus scandaleuse ivrognerie.

Traduisant aussi fidèlement que possible les protestations indignées du sieur Eusèbe Pompavin, mon client, — j'étais alors jeune avoué plein de zèle, de confiance en moi-même et de foi en la Justice, — je m'insurgeai en de véhémentes conclusions contre les articulations odieuses de la demanderesse ; je n'hésitai point à affirmer que M. Pompavin était orné de toutes les vertus conjugales et domestiques, et surtout qu'il était le modèle de la sobriété, au point qu'il aurait humilié le chameau le plus abstinent du Grand Désert. Pour un peu, je me serais aventuré à le représenter comme président actif d'une société de Tempérance. Seul, le respect que j'ai toujours eu de la vérité retint ma plume sur le bord du fossé dangereux de l'exagération.

Devant ces allégations contradictoires, le Tribunal fit ce qu'il fait habituellement en pareil cas, il ordonna l'enquête et la contre-enquête qui est de droit.

*
* *

Aux jour et heure fixés par le Juge Commissaire, j'entrai dans la salle où allait se perpétrer cette émouvante consultation. Mon excellent confrère Me Piquot m'y avait précédé, accompagné de Mme Pompavin, une gaillarde qui n'avait certainement pas froid aux yeux, — selon l'expression consacrée, — et flanqué de ses quatorze témoins.

Quant à mon client, que j'avais compté trouver au rendez-vous, il n'était point encore arrivé. Après un quart d'heure d'attente bienveillamment concédé à la patience, le magistrat jugea qu'il était temps de commencer l'enquête, ce qui fut fait incontinent en l'absence du sieur Pompavin.

Je dus donc assister avec résignation au défilé plutôt monotone de quatorze dépositions identiques, où mon malheureux client était abominablement vilipendé. Ce supplice dura deux heures ; mais enfin il eut un terme, et j'entrevoyais pour Pompavin l'aurore de la réhabilitation.

Moi aussi, j'avais des témoins dont l'armée un peu moins nombreuse était composée de braves inaccessibles à la peur. Ils allaient être entendus, et leurs dépositions vengeresses démoliraient sans peine la forteresse de calomnies édifiée par la femme Pompavin.

Avant d'entreprendre cette seconde partie de sa tâche, le juge enquêteur voulut bien nous accorder quelques instants de repos.

J'en profitai pour aller au greffe où j'avais une signature à donner.

*
* *

En traversant un couloir, je trouvai affalé, ou plus exactement vautré sur une banquette, un homme qui ronflait comme une énorme toupie ; son visage ultra-cramoisi, son nez

violacé, son haleine eau-de-vinesque, les
hoquets et les grognements qui interrompaient
son souffle de forge, ne permettaient guère de
se méprendre sur ·son véritable état ; il était
incontestablement ivre, ivre-mort ; on l'aurait
mis sur ses pieds qu'il se serait aussitôt et
lamentablement effondré.

Je m'approchai de plus près, envahi déjà
d'un doute affreux ! Hélas ! oui, c'était bien
lui ; c'était M. Eusèbe Pompavin, l'incorrup-
tible champion de la sobriété humaine.

Je mentirais si je disais que cette rencontre
désastreuse ne me porta pas un coup pénible.
Mais ce ne fut qu'un éclair. Une lumière subite
venait inonder mon esprit et me rendre ma
belle confiance.

De cette constatation, assurément désagréable, allait jaillir, sous l'effort d'une puissante
dialectique, un irrésistible argument contre
la femme Pompavin. C'était elle, à n'en pas
douter, qui, de complicité avec la bande de ses
quatorze témoins, avait semé les embûches et
les tentations sous les pas du faible mari ; —
c'étaient eux, les misérables, qui l'avaient
ainsi indignement enivré, puis couché à la

porte même de la salle des enquêtes pour donner à leurs dépositions mensongères le secours de la vraisemblance.

Pouvait-on hésiter un seul instant à le penser, en voyant, devant ce répugnant spectacle, leurs rires ironiques et gouailleurs ?

Et dire cependant que le Tribunal ne voulut point accueillir une explication aussi plausible et aussi lumineuse de cette beuverie... tout à fait exceptionnelle, et qu'il prononça la séparation aux torts et griefs du vertueux Pompavin !

Ah ! vraiment, on peut dire, sans les offenser, que les magistrats jugent quelquefois un peu trop sur de simples apparences, et qu'ils ne tiennent pas assez de compte des faiblesses passagères de la nature humaine !

LE RADIUM

A Monsieur le Président du Tribunal Civil de première instance de Reims, Chevalier de la Légion d'Honneur.

Madame veuve de Vingt-Etoiles, demeurant à ....,

A l'honneur de vous exposer, Monsieur le Président,

Qu'il y a environ deux ans, au mois de Juin 19.., elle eut recours à la science et aux soins du Docteur Zède, de Reims, dont l'habileté et le savoir professionnels lui avaient été particulièrement signalés, notamment pour le traitement des maladies féminines ;

Qu'après de minutieuses observations, ce médecin diagnostiqua l'existence et le développement d'une tumeur nécessitant une intervention chirurgicale ;

Que l'exposante s'y soumit avec la plus entière confiance, et que l'ablation des parties morbides fut pratiquée par le Docteur Zède à la date du.... ;

Que, bien entendu, pour y procéder, le dit médecin plaça préalablement l'exposante sous l'influence du chloroforme ; qu'elle n'eut en conséquence aucune conscience des détails de l'opération réalisée ;

Que la soussignée vient seulement d'apprendre, non sans une profonde surprise, mais de sources absolument dignes de foi, que le docteur Zède avait poursuivi avec une attention et une précision exceptionnelles l'analyse microscopique et chimique des matières composant la tumeur par lui extraite de l'organisme de l'exposante ; que ses recherches l'avaient conduit à y découvrir la présence assurément inattendue d'une quantité relativement élevée de *radium* ;

Qu'au lieu de faire part de sa découverte à la dame de Vingt-Etoiles à qui, en définitive, appartenait incontestablement, avec tous ses éléments, la tumeur qu'elle avait chargé le docteur Zède d'opérer, celui-ci, contre toute bonne foi, laissa l'exposante dans la plus complète ignorance de l'existence du précieux corpuscule ;

Que bien plus, il est à la connaissance de la dite exposante que le docteur Zède, non seulement s'est approprié illicitement le radium par lui obtenu, mais qu'il en a tiré un profit considérable qui ne saurait être estimé à moins de quatre cent mille francs ;

Qu'il a ainsi frustré la dame veuve de Vingt-Etoiles, exposante, d'une véritable fortune qui était son exclusive propriété, et dont il lui doit l'intégrale restitution, sous la forme de dommages-intérêts ;

Que les réclamations officieuses adressées au docteur Zède n'ont reçu d'autre accueil que celui du silence le plus dédaigneux ;

Que d'autre part, à l'intérêt personnel de l'exposante est intimement lié celui de la science médicale et même l'intérêt social et humanitaire ;

Qu'il importe, en effet, qu'une découverte aussi sensationnelle que celle du docteur Zède ne demeure point ignorée ; que, mise en lumière par la publicité donnée à une décision de justice qui en consacrera l'authenticité, une telle révélation sera pour l'humanité une source incalculable de bienfaits ;

Que l'exposante est donc absolument déterminée à introduire, devant le Tribunal que vous présidez, une instance tendant à ce que, par les motifs qui précèdent, le docteur Zède soit condamné à lui payer à titre de dommages-intérêts une somme de quatre cent mille francs ; et, à titre de supplément de réparation du préjudice causé, soit tenu de payer le coût d'insertion du jugement à intervenir *in-extenso* dans cent journaux français ou étrangers au choix de la soussignée ;

Que la dame veuve de Vingt-Etoiles est au regret de vous déclarer qu'aucun des avoués postulant à la Barre de votre Tribunal n'a voulu consentir à se charger de ses intérêts ; que l'exposante croit voir dans ce refus en quelque sorte concerté entre ces honorables officiers ministériels, l'influence évidemment très grande que le docteur Zède doit à sa haute situation et à sa réputation professionnelle incontestable ;

Que l'exposante se trouve ainsi dans la nécessité de vous demander de vouloir bien lui désigner d'office un avoué, lequel postulera en son nom devant le Tribunal de Reims, aux offres de consigner pour frais telle somme qu'il vous plaira arbitrer. . . . . . . ,

Signé : Vve DE. VINGT-ETOILES.

« Il n'y a lieu. »

LE PRÉSIDENT,
Signé : Illisiblement.

DISCOURS CONSULAIRES

La Présidence du Tribunal de Commerce de Reims n'est point une sinécure.

Depuis plus de trente ans, j'y ai vu se succéder une remarquable série de magistrats consulaires dont le dévouement, le désintéressement, la conscience et la courtoisie ne se sont jamais démentis.

Chacun d'eux évidemment y apportait ses qualités, quelquefois même ses originalités personnelles. Nous pouvons nous rappeler ce grand, solide et infatigable vieillard, auteur du Livre d'or du Tribunal de Commerce, qui, montant au fauteuil à une heure et demie exactement, ne nous libérait que rarement avant huit heures, d'une audience dont seul il ne ressentait aucune lassitude.

*
* *

De cette galerie qui est l'honneur de notre juridiction commerciale, se détache en ce moment pour moi la figure placide et impassible d'un Président qui, sous les dehors les plus timides, cachait un bel esprit de décision.

En prenant possession de son siège, après avoir selon l'usage, remercié son prédécesseur des services rendus à la justice, il voulut bien offrir à MM. les Avocats et à MM. les Avoués quelques sages conseils :

« Vous avez, nous disait-il, l'habitude, en
« vos plaidoiries, de nous parler de la
« jurisprudence. Vous vous plaisez à nous
« citer, avec le désir, légitime sans doute, de
« nous les imposer, des arrêts de la Cour de
« cassation ou de la Cour d'appel.

« Assurément, ce sont là des documents
« dignes de notre respect. Permettez-moi
« cependant de vous demander de ne plus trop
« nous en parler à l'avenir, et de manifester
« un peu plus de confiance et de crédit à notre
« Tribunal.

« Veuillez désormais moins vous préoccuper
« de ce que vous appelez la jurisprudence. La
« jurisprudence, c'est le Tribunal qui la fera. »

Il m'a semblé qu'il y avait là un bijou, réclamé par mon écrin.

*
* *

Quand, après quatre années de présidence,

où s'était affirmée, avec une grande autorité,
cette qualité maîtresse de direction, il passa la
main à son successeur, jeune industriel plein
de mérite, il lui adressa un beau discours de
bienvenue, dont j'extrais avec bonheur le
passage suivant :

« Votre modestie, Monsieur, s'est alarmée
« devant la supériorité de la noble tâche à
« laquelle vous convoquait la juste confiance
« des électeurs consulaires. Laissez-moi vous
« dire que vos hésitations, si elles font honneur
« à la délicatesse de vos sentiments, sont
« cependant exagérées et veuillez en croire
« mon expérience personnelle.

« Pour être un bon Président, il faut et il
« suffit d'avoir une intelligence évidemment
« un peu supérieure, un esprit éclairé, une
« aptitude particulière à l'assimilation, un
« coup d'œil droit, un entier bon sens, un vif
« sentiment de la justice, une grande puissance
« de travail, une autorité ferme et courtoise,
« une décision rapide. Vous voyez qu'en
« somme ce sont là des qualités d'une réunion
« facile ; je puis donc remettre avec confiance
« entre vos mains la suite des destinées de
« notre Tribunal. »

ARBITRAGE

Me Raymond d'Or et Me Auguste Dupont d'Arras, tous deux appartenant à notre barreau et y tenant, quoique jeunes encore, une place distinguée, étaient engagés, à la parlotte, en une sérieuse et délicate discussion.

Le premier avait été chargé d'assister un de ses clients en Police correctionnelle ; mais à la veille même de l'audience au rôle de laquelle figurait son affaire, des raisons de famille l'avaient inopinément obligé de quitter Reims pour quelques jours. Il avait demandé à son confrère Dupont d'Arras de vouloir bien le remplacer, ce que celui-ci avait fait avec empressement et avec succès.

La première démarche de Me Raymond d'Or à son retour fut pour aller porter ses remerciements à son obligeant confrère et lui remettre les vingt-cinq francs d'honoraires qu'il avait lui-même perçus par provision.

Mᵉ Dupont d'Arras accepta volontiers les remerciements et les félicitations de Mᵉ Raymond d'Or, mais se refusa absolument à recevoir les honoraires. Il avait voulu simplement rendre service à un confrère, et le plaisir qu'il y avait trouvé était la seule rémunération qu'il voulût accepter.

Assaut de délicatesse et de générosité confraternelle de Mᵉ Raymond d'Or : il n'était pas juste qu'il conservât une provision destinée à reconnaître le mérite d'une défense qu'il n'avait point présentée...

* *
*

Ce conflit de désintéressement, tout à l'honneur des deux avocats, commencé dans le cabinet de Mᵉ Dupont d'Arras se poursuivait et battait son plein à la bibliothèque du Barreau au moment même où j'y entrais (je veux dire à la bibliothèque et non au Barreau).

« Bonne affaire, s'écria en me voyant Mᵉ Raymond d'Or ; voici précisément un membre du Conseil de l'ordre. Nous allons lui demander de nous dire droit et de nous départager par une sentence arbitrale en dernier ressort. »

Le cas me fut soumis. Je pris une attitude ironiquement grave, — si ces deux expressions accouplées ne sont pas pour vous choquer ; — j'écoutai avec recueillement et sans m'endormir, je vous prie de le croire, les plaidoiries où les deux compétiteurs assoiffés de sacrifice s'efforçaient de me démontrer qu'aucun d'eux n'avait droit à rémunération quelconque.

Quand ils eurent persisté en leurs conclusions, je pris un air paterne et la parole :

« Voyons, mes chers confrères, je rends hommage à la délicatesse poussée jusqu'au scrupule, qui vous anime l'un et l'autre, et qui, de votre part, ne m'étonne certainement pas.

« Vous me mettez pourtant dans la plus grande perplexité ; et ce qui me préoccupe au plus haut point, c'est le sort de ces malheureux honoraires que l'un de vous veut absolument expulser de sa caisse, et que l'autre se refuse à hospitaliser dans la sienne.

« Avez-vous l'intention d'en faire de petits orphelins ou de petits vagabonds ? Je pourrais évidemment les recueillir, en vous distribuant à chacun l'écaille de mes félicitations.

« Je ne veux pas rééditer l'histoire peu édifiante de l'Huître et des Plaideurs, qui serait sans doute mal accueillie autour de nous.

« Je pourrais encore, ainsi que font trop souvent les bons Juges de paix dans l'embarras, couper dans le drap de votre litige une cote mal taillée, partager la poire en deux, prier le loyal Mᵉ Raymond d'Or de remettre au délicat Mᵉ Auguste Dupont d'Arras, avec obligation morale pour celui-ci de l'accepter, la somme de douze francs cinquante centimes pour solde et sans quittance.

« Je vous avoue que je ne me sens pas armé pour jouer les Salomon ou les Perrin Dandin. D'ailleurs, ce serait une solution inélégante et peu digne de vous ; ce n'est point absolument une question d'argent qui vous divise ; je crois qu'une décision qui vous rapprocherait ne serait pas pour vous déplaire.

« Qu'allons-nous donc faire de vos vingt-cinq francs ?

« Mon Dieu, je pense que le meilleur emploi que vous en pourriez tirer, serait de les consacrer, en un aimable tête à tête entre vous deux, à un fin déjeuner ; à moins que vous ne lui préfériez un non moins bon dîner. Vous pourrez même, à ce prix, lui donner comme introduction quelques vertes Marennes que vous n'abandonnerez point au juge.

« Et puisque vous avez bien voulu me constituer arbitre en dernier ressort, telle est ma décision définitive et sans appel. »

Sur quoi, je me retirai avec dignité, laissant mes deux justiciables un peu ahuris.

*
* *

A quelques jours de là, Me Raymond d'Or m'accostait dans les couloirs du Palais.

« Eh bien ! mon cher arbitre, me dit-il, à quand cette bonne réunion ?

— Quelle réunion ? demandai-je.

— Mais vous savez bien, le petit rendez-vous où doit se consommer votre excellent jugement dînatoire !

— Je n'ai absolument rien à y voir, lui répondis-je.

— Oh ! pardon, répliqua-t-il vivement ; Dupont d'Arras et moi, nous sommes d'avis que votre présence auprès de nous est nécessaire pour constater le respect scrupuleux avec lequel nous voulons mettre en œuvre, et même en hors-d'œuvre, votre sentence arbitrale qui, laissez-moi vous le dire, après nous avoir un instant causé quelque surprise, nous a en définitive absolument enchantés. Voyons, vos jour et heure ?

— Vous plaisantez, Raymond d'Or ?

— Pas le moins du monde.

— Eh bien ! j'ai le regret très net de me refuser au contrôle que vous me faites l'honneur de solliciter de moi ; mon rôle est entièrement terminé.

—Puisqu'il en est ainsi, insista Me Raymond d'Or, excusez-moi, je vous prie ; loin de moi la pensée de manquer de déférence à un ancien et à un arbitre. Mais je vous en préviens respectueusement, vous me mettez dans la nécessité de vous faire signifier une mise en demeure.

— Nous verrons bien. »

*
* *

Une semaine ne s'était point écoulée que je recevais, sur une feuille bleue de papier timbré, le petit poulet suivant :

« L'an mil huit cent quatre-vingt-dix-huit
« et le trois novembre,

« A la requête de M. d'Or Raymond, avocat,
« demeurant à Reims, rue de la Nativité,
« n° 5 *bis*, pour lequel domicile est élu en mon
« Étude,

« J'ai, Podevin, huissier près le Tribunal
« Civil de Reims, demeurant en ladite ville,
« soussigné,

« Dit et rappelé au sieur Duval Arsène,
« avocat, demeurant à Reims, rue des Telliers,
« 20, où étant et parlant à une personne à son
« service, ainsi déclaré,

« Et à autre par copie séparée,

« Que mon dit requérant et le sieur Auguste
« Dupont d'Arras, également avocat, ont
« constitué d'un commun accord le dit sieur
« Duval comme arbitre et amiable compo-
« siteur, à l'effet de les départager sur un
« différend qui les divisait, promettant de
« tenir pour bonne et valable la sentence du
« dit arbitre et de l'exécuter scrupuleusement.

« Que le dit arbitre, vidant son délibéré, a
« statué que l'objet du litige serait converti en
« liquides et mets divers, lesquels seraient
« consommés en sa présence et avec son con-
« cours, par les parties, au jour qu'il lui
« plairait leur impartir.

« Qu'il y a lieu de procéder à l'exécution de

« la dite sentence, que les parties entendent
« respecter consciencieusement.

« Pourquoi, et sur le refus par lui de fixer
« jour et heure, j'ai huissier susdit et soussi-
« gné fait sommation au dit sieur Duval d'avoir
« à comparaître et se trouver le lundi cinq
« décembre prochain à sept heures de relevée,
« au domicile de mon requérant, rue de la
« Nativité, n° 5 *bis*, à Reims, à l'effet de procé-
« der à l'exécution de la sentence arbitrale sus
« énoncée, et ce sans aucune pompe ni céré-
« monie, mais au contraire dans la plus stricte
« intimité et sous le manteau de la cheminée.

« Lui déclarant que faute par lui de satis-
« faire à la dite sommation, il y sera contraint
« par toutes les voies de droit.

« Et je lui ai en outre fait sommation
« d'avoir à faire connaître à mon dit requérant
« tous obstacles ou empêchements qui s'oppo-
« seraient à l'exécution de la dite sentence au
« dit jour, laquelle exécution serait en ce cas
« remise à une date ultérieure.

« A ce qu'il n'en ignore.

« Et je lui ai, étant et parlant comme dessus,
« laissé cette copie. »

Signé : PODEVIN.

* *

Il ne me fallait pas une perspicacité fort aiguë pour découvrir sous les apparences froides de l'acte extra-judiciaire, et sous le manteau de l'idiome procédurier, ce qui s'y cachait d'ailleurs fort peu : une gracieuse invitation. Seulement, pour aimable qu'elle fût, elle n'en redoublait pas moins mes perplexités.

J'avais moi-même, par une boutade d'un fil peut-être un peu gros et peu compatible avec le rôle d'un membre du Conseil de l'Ordre, ouvert la porte aux malicieuses et spirituelles conséquences que tirait de ma légère décision ce grand ironiste de Raymond d'Or. Mais avais-je le droit de les encourager ? D'autre part, je mentirais si j'affirmais que je n'étais point tenté par l'attrait d'un dîner qui ne pouvait manquer d'être... soigné ; et, plus encore, par la perspective de l'accueil aimable qui nous attendait, Dupont d'Arras et moi, au jeune et charmant foyer de notre « requérant », et par le plaisir de quelques bonnes heures passées en la joyeuse rencontre de mes deux sympathiques confrères.

Comment concilier tout cela ?

En tous cas, il me fallait répondre à la provocation. Je le fis par voie de conclusions. Mes anciens confrères en procédure pourront critiquer le recours aux conclusions comme une hérésie pratique ; mais ils n'oublieront pas que nous étions, à ce point de vue, dans le domaine de la plus pure fantaisie.

« Plaise à Maître Raymond d'Or,

« Attendu que par acte d'apparence extra « judiciaire du 3 novembre 1898, le sieur « Raymond d'Or a fait signifier au concluant « sommation de se trouver aux jour, lieu et « heure précisés en l'acte, pour y assister et « prendre part à la mise à exécution d'une « sentence arbitrale rendue par le dit concluant « le onze octobre précédent, solutionnant un « différend entre Mᵉ Raymond d'Or et son « confrère Mᵉ Dupont d'Arras.

« Mais attendu que cette sentence est « radicalement frappée d'une nullité d'ordre « public, et par conséquent est inexistante, « comme n'ayant point été précédée d'un « compromis régulier, comme n'ayant point « été accompagnée des formalités légales dont « l'arbitre n'a point été expressément dispensé.

« Attendu, en tous cas, qu'elle est quant à

« présent inexécutoire, puisqu'elle n'a point
« été déposée au Greffe et qu'elle n'a point
« reçu l'exequatur de l'ordonnance présiden-
« tiëlle.

« Attendu enfin qu'il est de règle absolue
« que les juges et arbitres ne doivent point
« connaître de l'exécution de leurs décisions.

« Attendu néanmoins et d'autre part que la
« présence de l'arbitre concluant à la réunion
« proposée du cinq décembre peut, en l'espèce,
« et étant données les circonstances particulières
« de la cause, être à bon droit considérée comme
« un complément utile de sa mission.

« Que l'état des esprits des parties, manifesté
« aux débats antérieurs, ne rend point
« chimérique la crainte qu'elles ne se laissent
« aller à des excès regrettables, ou qu'il ne se
« soulève entre elles de nouvelles difficultés
« auxquelles il serait opportun et même urgent
« de parer sur le champ, qu'il serait en tout
« cas de l'intérêt commun d'étouffer... dans
« l'œuf.

« Que, pour cette raison unique mais grave,
« le concluant répondra volontiers à la convo-
« cation reçue et se transportera avec plaisir rue
« de la Nativité n° 5 *bis*, aux jour et heure
« désignés, en qualité de simple témoin inactif,

« sauf à y prendre telle attitude que lui suggè-
« reront les circonstances, et en même temps
« afin d'y porter à qui de droit ses respectueux
« hommages.

« Par ces motifs, et tous autres à suppléer,

« Donner acte au concluant de ce que...
« etc... »

La rencontre à la fourchette, organisée par
le menu avec un soin et un goût extrêmes, fut en
tous points charmante. Elle ne connut aucune
effusion rouge autre que celle de vins généreux.

Je crus pouvoir accepter quelques huîtres
savoureuses constituant plutôt un prologue
qu'un élément du festin. Elles étaient sou-
tenues d'un petit Marzilly délicieux et perfide
qui, joint au feu roulant des saillies de mes
deux confrères, me fit perdre de vue ma qualité
de spectateur inactif appelé uniquement à
compter les coups. Je ne m'aperçus de ma
méprise qu'en pelant une poire d'ailleurs
exquise; mais il était trop tard. J'en conçus
une confusion que je ne laissai voir à personne
et que je me hâtai de noyer dans une coupe de
Royal Charles Heidsieck, half dry. D'ailleurs,
n'avais-je pas été victime du plus aimable

guet-apens ? Et puis, peut-être encore avais-je trop présumé de moi-même ?

Que celui qui ne s'y fût pas laissé prendre me jette la première pierre.

Seulement, en suivant avec attention la collection de Dalloz, il m'a été permis de constater que m'a sentence arbitrale, pourtant si judicieuse, n'avait point fait jurisprudence.

———

LA MÉDAILLE MILITAIRE

Il n'est pas dit que tous les souvenirs assemblés en ce recueil doivent être invariablement satiriques ou plaisants ; encore bien que ce soit plutôt ceux de cette catégorie que j'aie voulu conserver pour mieux dérider nos trop sérieux confrères.

Voici précisément un trait au récit duquel je ne veux mettre aucune intention de critique désobligeante, et qui témoigne simplement de l'état d'esprit où se trouvaient quelques magistrats dans la période d'essais tâtonnants d'application de la Loi Béranger.

J'assistais en Police correctionnelle un jeune homme de vingt-huit à trente ans, inculpé d'une faute assez grave en elle-même et qui aurait pu certainement le conduire en Cour d'Assises.

Chargé par intérim d'un service postal, il avait eu la déplorable faiblesse de soustraire un pli chargé et de s'approprier les neuf cents francs qui y étaient insérés. A vrai dire, ce n'était point l'inconduite qui l'avait déterminé à cet acte coupable, il avait au contraire une existence très régulière et irréprochable ; il était chargé de lourdes obligations de famille, et pour lui, comme pour tant d'autres, la misère avait été mauvaise conseillère. Ah ! combien l'honnêteté est plus facile à conserver quand elle est étayée par la fortune ! C'est même, je crois, à ces considérations qu'il devait de n'être point traduit devant le Jury criminel.— J'ai à peine besoin d'ajouter qu'il n'avait jamais encouru la moindre condamnation...

Enfin il avait passé, dès le premier moment, les plus complets aveux, et exprimé des regrets absolument sincères.

Il me semblait donc possible, malgré le caractère spécial de son délit, commis en service officiel et public, de lui obtenir sans trop de difficulté le bénéfice de la loi de sursis, généreusement promulguée pour des situations de cette nature.

J'avais d'ailleurs à mon arc une autre corde plus vibrante encore, et qui ne pouvait manquer de disposer favorablement les Juges en faveur de mon client.

Ce jeune homme était rentré depuis quelques

mois auprès de sa vieille mère infirme, après plusieurs années d'un excellent service dans nos armées coloniales où il avait conquis les galons de sous-officier, et où il s'était signalé par une action d'éclat.

Sur le point d'aborder, avec une poignée de braves comme lui, aux rives de je ne sais quel fleuve indo-chinois, et n'étant encore que simple caporal, il s'était trouvé subitement en présence de toute une flotte de pirogues portant une véritable armée ennemie. Par sa vaillance, son sang-froid, sa décision prompte et courageuse, il avait sauvé du massacre toute la section à laquelle il appartenait, non sans avoir fait subir à l'adversaire des pertes sensibles. A la suite de cet héroïque fait d'armes, il avait été porté très élogieusement à l'ordre du jour, promu au grade de sergent, et proposé pour la médaille militaire qui lui avait été sans peine décernée.

Naturellement, en vue d'obtenir plus facilement le sursis qui déjà, en mon esprit, ne faisait aucun doute, je faisais valoir ces mérites d'un passé qui n'était même pas simplement honnête, mais qui était véritablement glorieux.

J'eus alors, étant assez rapproché du Tribunal, la stupéfaction d'entendre cette réflexion bien singulière d'un des assesseurs au Président d'audience :

« Ce jeune homme s'est admirablement comporté, c'est entendu ; il a réalisé une belle action, fait preuve d'un héroïsme méritoire, je le reconnais. Mais enfin, il en a reçu la récompense, puisqu'il a eu à la fois l'avancement et la médaille militaire ; c'est donc une affaire réglée et dont nous n'avons plus à tenir compte !!! »

Bien que je fusse censé n'avoir rien entendu, et que peut-être même la règle de l'audience m'eût interdit d'interrompre le délibéré, j'avoue que je ne sus résister à la tentation violente de poser une protestation très émue contre cette appréciation inhumaine de mauvaise comptabilité morale.

Je m'empresse de dire que ce magistrat, vraiment trop ferré sur les équations et les extinctions de dette sociale par compensation, fut seul de son avis, et que le bon sens du Président et du second assesseur détermina un jugement indulgent avec bénéfice du sursis.

LA MEUTE

S'il lui arrivait d'apprendre que je ne lui aie point réservé un souvenir personnel dans cette galerie de portraits sympathiques, notre bon Président, M. Dia, serait le premier à m'en faire grief ; aussi ne veux-je point m'y exposer.

Il sait bien, au surplus, que le simple coup de crayon que je me permets de lui consacrer ici n'aura rien d'irrespectueux et encore moins de malveillant ; et d'autre part, il est doué du plus aimable caractère. Peut-être d'autres en ont-ils abusé ; toujours est-il qu'il n'a pas protesté quand une Revue locale a cru devoir le mettre en scène, ce qui est bien de sa part la preuve d'une longanimité poussée à ses dernières limites.

Pourtant, puis-je lui offrir une place dans ce musée de mémoires appartenant plutôt au passé ? Je me suis sérieusement posé la question et je l'ai résolue. L'avenir et le présent sont si rapprochés du passé qu'il faut bien peu de chose pour les confondre. D'autre part, la nature si personnelle, si éloignée de la banalité de M. Dia, lui assure un souvenir impérissable dans notre histoire locale.

Aussi bien, ai-je dit, je ne lui donnerai qu'un coup de crayon. Ce n'est point le Président à l'esprit très éveillé, à l'allure bon enfant, à l'amabilité familière que je veux buriner ; — mais uniquement l'homme d'une passion plus que vive, bien que, naturellement, très avouable. M. le Président aime beaucoup la Justice, le devoir, la science juridique ; mais il a un culte spécial, ardent, sans limite, pour la race canine.

Les chiens ! Il en a mis partout ; dans les tableaux de son salon, dans les bronzes de ses cheminées, dans les œuvres d'art, les bibelots, les biscuits, les terres cuites, les ivoires de ses étagères ; il en a mis dans ses albums, sur sa table de travail, à la poignée d'argent de ses joncs élégants ; dans ses discours, dans ses écrits, dans ses entretiens, dans sa correspon-

dance. Il en a mis enfin et surtout... dans son
Palais de Justice.

Je n'oserais affirmer que c'est sur son désir
que l'ancienne Gendarmerie, voisine du Palais,
a été évacuée pour lui permettre d'y hospitaliser ses meilleurs pointers ; tout au moins les
a-t-il fait bénéficier de ce vaste casernement.

Un peu plus tard, il les a introduits au
Palais même, où ils sont les hôtes de la
Justice.

Pendant les suspensions d'audience, il leur
fait des visites pleines d'encourageante sollicitude. Une mauvaise langue prétend même
l'avoir vu, — excusez la hardiesse de la métaphore, — par une chaude journée d'été, la
toque en bataille et dépouillé momentanément
de la toge, traverser la rafraîchissante salle
des pas-perdus pour porter la bonne parole à
ses favoris.

Parfois, vous le rencontrez, par les boule-
vards, promenant lui-même, sans faux amour-
propre, sa brillante meute qui, tirant sur la
laisse, l'entraîne ainsi qu'un aveugle de bonne
maison.

Vous n'imaginez pas d'homme plus heureux
que ce bon M. Dia quand, vous retenant par le
bouton de votre redingote ou de votre jaquette,

il vous apprend, avec une satisfaction joyeuse,
ses remarquables succès à la dernière Exposi-
tion canine des Tuileries ; ou encore lorsque
devant vous, en l'immensité des pas-perdus,
il fait exécuter à ses sujets intelligents et
dociles de savants exercices de poursuite, de
flair, de quête, de pistage.

Aussi je n'arrive pas à m'expliquer par
quelle inconcevable distraction il a commis
récemment une omission d'une gravité exceptionnelle, pouvant avoir les plus désastreuses
conséquences. Vous allez en juger.

Vous n'ignorez pas que notre Palais de
Justice, qui n'est point encore un vieillard,
encore qu'il soit en précoce décrépitude à l'âge
de soixante et onze ans, doit incessamment
subir de profondes transformations dont le
temps seul fera valoir les avantages. Elles
auront été, pour une bonne part, la grande
œuvre de M. le président Dia. C'est lui qui a
médité et enfanté les desiderata à satisfaire,
qui a conçu les données générales, qui a eu
voix prépondérante au concours des projets,
qui a remanié les plans, qui a été, en un mot,

le *Deus ex machina* de ce monumental événement.

Or, il y a quelques jours, examinant avec lui la dernière édition, cette fois définitive, des plans adoptés, M. le Président du Conseil Général de la Marne, Sénateur, ancien Garde des Sceaux, et Avocat à la Cour de Paris, M. Ernest Montagne, lui glissa tout doucement :

« Dites donc, mon cher Président, il manque quelque chose d'essentiel à ce plan *ne varietur*.

— Comment, il manque quelque chose ? Je pense, mon cher sénateur, que vous voulez vous payer ma tête ?

— Mais non, mais non ; je vous parle sérieusement ; il y a une lacune. Vous avez oublié un service important.

— Un service important ? Ah ! c'est trop fort. Non seulement je n'ai rien omis de ce qui existait, mais j'y ai fait des additions dont on me saura gré. Tenez, je fais disposer, pour l'assistance judiciaire, une vaste salle pouvant contenir cent vingt personnes assises, chauffées, éclairées...

— Et nourries?

— Allons, allons, je ne plaisante pas. J'ai placé au Palais, à côté de leur auditoire, les greffes des Justices de Paix disséminés par la ville. J'ai donné satisfaction à MM. les Avocats, qui sont très aimables pour moi, et qui se plaignaient d'être inconfortablement relégués sous les combles. Je leur ai fait attribuer, au rez-de-chaussée, de superbes salles dont « la « noble et sévère décoration, — selon l'expres- « sion de l'architecte lauréat qui m'a écrit à ce « sujet, — s'harmonisera mieux avec la haute « prestance du Barreau ». Que voulez-vous encore ?

— Je vous répète qu'un service important ne trouve aucun abri dans vos prévisions ? Cherchez bien.

— C'est bien inutile. Je préfère donner ma langue aux chiens ?

— Ce serait, mon cher Président, tout à fait de circonstance, car, précisément, ce que je ne trouve pas dans vos plans, d'ailleurs si parfaits, c'est... *le chenil* !

— C'est pourtant vrai, gémit le pauvre M. Dia, un peu humilié. Je vais écrire à l'archi- tecte. »

PAS DE DÉSERTION !

Le double souvenir que je me propose de géminer, sous ce titre un peu sybillin, ne réserve et n'abrite aucune arrière-pensée satirique. Il m'a paru que, m'ayant été à moi-même profitable par la leçon d'expérience professionnelle qu'il m'a ménagée, il y aurait sans doute quelque bénéfice à en recueillir par ceux de mes jeunes confrères dont la méritoire patience sera parvenue jusqu'à ces pages ultimes.

*
* *

J'avais à défendre aux Assises, par voie de commission d'office, un individu assez peu intéressant en lui-même, poursuivi sous l'accusation, toujours assez grave, d'incendie volontaire de maison habitée où une pauvre vieille femme avait trouvé la mort.

Les dénégations obstinées de mon client à l'instruction m'avaient imposé le devoir d'étudier le dossier avec le plus grand soin, et de cet examen j'étais sorti très troublé. On n'y voyait même pas flotter ce doute dont on peut toujours espérer faire profiter un accusé. Non, pour moi et sans parti-pris, c'était la certitude; mais la certitude de l'inanité absolue de l'accusation elle-même; tout au plus, y avait-il de ces fugitives apparences, de ces vagues coïncidences qui, à première vue, peuvent faire impression; au fond, et selon l'expression consacrée, l'affaire « ne tenait pas debout ».

L'homme que j'assistais était un repris de justice ayant déjà, pour des faits de tout autre nature, connu la Cour d'assises; après avoir purgé plusieurs condamnations, il était venu fixer sa misère en un arrondissement voisin, au village natal où, malgré la tranquillité de sa conduite, son passé le vouait à l'animadversion de ses compatriotes. Ce n'étaient point là des raisons suffisantes pour échafauder une grave accusation.

La conscience de l'avocat est assez à l'aise quand les faits criminels sont reconnus par des aveux. Elle l'est déjà beaucoup moins, si, sur l'affaire, plane un doute dont il doit savoir tirer bon parti. Mais elle s'angoisse, en songeant à la responsabilité qui pèsera sur lui, s'il ne dégage point son client, si peu digne soit-il de toute pitié, d'une accusation absolument sans aucun fondement.

C'est dans ce dernier état d'esprit que je montai à l'audience.

J'avais affaire à un Conseiller Président remarquablement intelligent, méticuleux et habile. Appartenait-il à cette école de magistrats, encore assez en honneur à cette époque, pour qui un acquittement était un échec personnel, et une pierre noire au jardin de l'avancement ? Ou bien, ce que je préfère croire, espérait-il obtenir d'une instruction très serrée à l'audience des lumières que, manifestement pour lui comme pour moi, refusait le dossier ? Toujours est-il qu'il fit subir pendant près de deux heures un interrogatoire extraordinairement adroit et minutieux à mon malheureux client, l'enveloppant, le ligottant littéralement dans un filet solide de questions insidieuses, d'objections imprévues, de détails insignifiants en apparence ; tant et si bien que le pauvre diable, essoufflé, désemparé, la tête absolument égarée, niait les choses les plus indéniables, avouait les plus inadmissibles invraisemblan-

ces, en un mot « se coupait » à chaque pas
lamentablement, et finissait par dire en suppliant : « M. le Président, je vous en prie, je
« ne peux plus vous suivre, je ne sais plus ce
« que je dis, je n'en puis plus. »

En présence de ces mensonges et de ces
contradictions auxquels très consciemment,
selon moi, l'avait amené le trop habile Président, l'opinion du Jury vis-à-vis de l'accusé se
montrait visiblement défavorable, — ce qui,
on l'avouera, n'était pas fait pour remonter le
courage du jeune avocat impressionnable que
j'étais alors.

Les dépositions des témoins n'apportèrent
aux débats aucun résultat appréciable dans un
sens quelconque. On y sentait toutefois le désir
commun de ces bons villageois de se débar-
rasser d'un hôte dont la présence au pays
inquiétait leur sommeil.

L'organe du Ministère public n'allait-il pas
donner le coup de grâce à l'accusé et en même
temps à son impuissant défenseur ?

Fort *heureusement,* le substitut d'audience
était un magistrat jeune, sympathique, profondément honnête et scrupuleux. Je m'empresse
de dire que tout autre membre d'un Parquet
quelconque, et surtout du Parquet de Reims,

eût suivi la ligne de conduite que lui dictait sa loyale conscience.

Il déclara que pour lui, il n'avait pu se faire une opinion sur la culpabilité de l'accusé, dont il remettait à la sagesse du Jury le soin de fixer le sort.

Je n'ai pas besoin d'insister pour vous faire comprendre de quel poids d'anxiété me libérait ce langage autorisé et d'une si profonde équité.

*
* *

Mais ici, subitement et sans que j'aie pu m'y préparer par la réflexion, mon expérience encore tendre se trouva aux prises avec un problème délicat demandant une immédiate solution sur laquelle je n'avais pas le temps ni la possibilité de consulter mes anciens :

Devais-je plaider ou garder le silence ?

Je n'étais pas sensible au point de craindre une maladie à la suite d'un discours rentré. Vous pouvez bien penser cependant que j'avais préparé par le menu, et sans négliger un iota de l'affaire, une plaidoirie compendieuse qui aurait vu tourner deux fois la grande aiguille du cadran.

Mais d'autre part, l'audience avait été déjà bien longue et bien fatigante, surtout alourdie par l'insolite interrogatoire. Il faisait dans la salle une chaleur étouffante. Enfin et surtout, le ministère public semblait se désintéresser de l'accusation. Etait-il utile, dans ces conditions, d'entreprendre une plaidoirie ?

Après un court débat avec moi-même, je m'arrêtai à une honnête transaction. J'offris à mes juges un dividende de vingt cinq pour cent. Ayant rendu à la conscience de M. le Substitut un juste hommage, j'examinai sommairement l'affaire dans ses lignes principales; et quand, après vingt-cinq minutes, je pus constater un complet rassérénement sur le visage de quelques jurés que les déclarations du ministère public ne semblaient pas avoir désarmés, je tournai court en une brève péroraison sollicitant l'acquittement de mon client.

Un quart d'heure plus tard, c'était chose faite. Je crois qu'au fond le Président lui-même n'en était pas fâché, et qu'une condamnation obtenue dans ces conditions eût pesé sur sa conscience.

Mais ne voilà-t-il pas qu'en sortant du Palais,

un vieux journaliste, pourtant d'ordinaire fort aimable pour moi, me jeta, d'un air à demi moqueur, cette singulière critique :

« D'habitude, mon cher Maître, je vous
« entends avec plaisir (merci) ; pourquoi donc,
« aujourd'hui, avez-vous éprouvé le besoin de
« nous *raser* pendant une demi-heure, d'une
« plaidoirie parfaitement inutile, puisque le
« Ministère public lâchait l'accusation ? »

Si cette réflexion, non dénuée de fondement, du moins en apparence, ne troubla point mon bon sommeil, elle me trotta cependant par la tête.

Dès le lendemain, en une cérémonie, je me rencontrais avec mon excellent confrère Brissart qui était alors notre bâtonnier, et avec un Juge d'instruction de Reims, magistrat de haute valeur et de grande expérience, et je leur exposais mon aventure et les préoccupations qu'elle avait suscitées en mon esprit.

Tous deux approuvèrent ma ligne de conduite et, sans l'ombre d'une hésitation, convinrent que l'avocat avait le devoir de ne jamais renoncer à plaider, — dût-il le faire plus sommairement, — même quand le Parquet semblait abandonner ses réquisitions.

Et à l'appui de cette règle immuable,

l'honorable magistrat me citait ce fait tout récent qui s'était passé à Reims même, en une précédente session et qui m'avait échappé.

* *

Un intelligent stagiaire du Barreau de Paris était venu aux Assises de la Marne défendre un jeune homme accusé de meurtre.

Au sortir d'un café, une rixe violente était survenue entre plusieurs jeunes gens fort échauffés, et avait laissé sur place un cadavre sur lequel l'autopsie avait relevé des traces de coups de couteau.

Ces coups avaient été portés par l'accusé qui avait été en conséquence inculpé du crime d'homicide volontaire sans préméditation.

Mais à l'audience, — coup de théâtre, — l'ensemble et la concordance des témoignages, appuyés des dires du médecin légiste, démontrèrent, sans aucun doute ni divergence possibles, qu'au moment où l'accusé avait porté, avec son couteau à virole, des coups qu'il ne songeait pas à nier, la victime avait *déjà* succombé sous les coups de canne d'un des autres belligérants, sans qu'on pût d'ailleurs préciser lequel, en sorte que l'accusé n'avait, de son couteau, frappé qu'un cadavre.

Devant cette révélation, tout en blâmant avec sévérité la conduite et le désir homicide de l'accusé, le représentant du Parquet déclara qu'il ne pouvait requérir aucune condamnation ; il n'y avait plus dans l'affaire, du moins contre l'accusé, les éléments constitutifs du crime de meurtre qui consiste à donner la mort, et non à larder un cadavre.

L'avocat parisien, satisfait de l'aubaine de ces déclarations qui simplifiaient sa besogne, se borna à se détacher légèrement de son banc et à soulever sa toque en un complet mutisme.

Il semblait donc que la délibération du Jury ne fût qu'une affaire de forme.

Pas du tout. A la stupéfaction générale, ces bons jurés revinrent avec un verdict nettement affirmatif.

Il y avait là évidemment l'erreur manifeste sur le fond prévue par l'article 352 du Code d'instruction criminelle permettant à la Cour de suspendre l'arrêt et de renvoyer l'affaire à une autre session.

Il est présumable qu'une plaidoirie, si

écourtée fût-elle, aurait évité cet incident un peu cacophonique, et les trois mois de prévention nouvelle que dut faire l'accusé, la Cour n'ayant pas consenti à le remettre en liberté provisoire.

Ce qui n'est pas le moins curieux de l'affaire, c'est l'explication que donnèrent de leur verdict, sans se faire prier, les membres du Jury et notamment l'un d'eux, très honorable et intelligent manufacturier de Reims :

« Nous n'avions pas, croyions-nous, à nous embarrasser des distinctions juridiques du Parquet, ni à rechercher si l'accusé avait frappé un vivant ou un mort. La question qui nous était posée était de savoir s'il était coupable. Or, quel qu'ait été l'état de sa victime quand il l'a frappée, il est certain qu'il la croyait encore en vie puisqu'il voulait la tuer ; il avait donc certainement l'intention homicide suffisante à nos yeux pour déterminer sa culpabilité. »

Ce n'était pas trop mal raisonner pour un simple citoyen ; mais c'était, en droit criminel, une grosse hérésie.

*
* *

La conclusion de cette étude est que nous ne devons jamais abandonner la défense qui nous est confiée, quelle que soit l'attitude ou même l'abandon de l'accusation. Sans doute, nous élaguerons, nous abrègerons, nous ne retiendrons que l'essentiel, mais nous plaiderons quand même. Il pourra nous arriver de « raser » MM. les journalistes qui sauront bien nous le rendre. Mais ne point plaider, ce serait une désertion de notre devoir le plus impérieux et le plus sacré.

ÉPILOGUE

C'est sur ce petit cours de philosophie professionnelle et pratique que je veux mettre le
point final à cette compilation un peu décousue
de souvenirs véridico-judiciaires. Elle suffit,
me semble-t-il, à la satisfaction des devoirs
de vacances que je m'étais imposés.

Certains de mes confrères s'étonneraient et
refuseraient de me croire, si j'affirmais avoir
complètement vidé mon sac. A la vérité, et à
leur connaissance, je détiens encore par devers
moi une assez belle collection de tableautins
aux scènes divertissantes, de ces petites aqua-
relles aux traits fins et suggestifs, telles qu'on
les aime de nos jours.

Mais ce sont des œuvres, non certes inconvenantes, simplement légères ou... naïves, que des raisons de discrétion ne me permettent pas d'exposer, ayant pris envers moi-même l'engagement de ne pas franchir le mur Guilloutet, ni de rien dévoiler de ce qui pourrait susciter à qui que ce soit l'ombre d'une peine ou d'une susceptibilité... Et pourtant, il y a là de bien amusants croquis ! Enfin !...

Vous connaissez ces « Salons de figures de cire » de nos foires de Pâques, qui, moyennant un supplément sérieux, réservent, surtout aux vieux messieurs, les mystères d'un cabinet secret ; ils n'y trouvent que les sujets les plus anodins et les moins excitants, dont le clou est invariablement la rencontre très décente de Joseph et de madame Putiphar ; ils en sortent l'oreille un peu basse et sans confier à personne, et pour cause, le regret de leur déconvenue.

J'aurai, moi aussi, une petite galerie privée dont l'huis s'entr'ouvrira à quelques privilégiés blindés de discrétion qui, je le leur promets, en pourront sortir le front haut, et, je crois même, un fin sourire aux lèvres.

Tel que je le présente en tremblant un peu, quel sera le sort de ce recueil ?

Je ne me monte pas la tête au point de croire qu'il va détrôner, comme bi-digestif, la liqueur de Tarragone, la Bénédictine de Fécamp ou même le délicieux Cherry Brandy. Je ne pense pas que dès demain les princes de la science médicale le recommandent pour dissiper les pesanteurs d'estomac ou activer les digestions pénibles.

Je serais cependant bien heureux si j'apprenais que la lecture de quelques-unes de ces pages, absorbée par un confrère affaissé sous le poids d'un souci grave, désemparé par l'échec ou la perte d'un bon procès, épuisé

par un surmenage excessif, menacé de neurasthénie ou d'hypocondrie, aura pu lui rendre
un peu de vigueur morale, de saine gaieté, de
courage nouveau et de belle ardeur à reprendre
la dure tâche quotidienne.

A tout le moins ce travail, réalisation
scrupuleuse d'une promesse faite à mes jeunes
amis, et où j'ai mis tout l'effort de ma bonne
volonté, toutes les fidélités de ma mémoire,
toutes les sympathies d'une chère confraternité, ne sera-t-il point inutile à un autre point
de vue.

On se représente communément l'avocat,
j'entends l'avocat sérieux, l'homme d'affaires
consommé, chargé de dossiers et de responsabilités, comme promenant perpétuellement
un front sévère, barré de plis graves, et incapable de se jamais dérider.

Ce n'est point tout à fait exact.

Il y a temps pour tout. Sans doute les

heures du travail professionnel sont les plus nombreuses, les plus absorbantes. Mais la nature réclame ses droits et exige que ces heures de trait pénibles soient coupées de temps à autre d'un instant de repos et de délassement.

C'est à notre parlotte, en nos aimables réunions, au coin de notre feu que nous en profitons ensemble. Avec des joies honnêtes, que d'aucuns pourront trouver naïves, en un temps où la vie sociale, comme sous une couche de cendre, s'uniformise de préoccupations vulgaires, d'intérêts égoïstes et brutaux, nous nous plaisons à relever tout ce qui, en notre milieu, offre une saillie légère à laquelle puisse s'accrocher un trait spirituel, un souvenir malicieux, une critique inoffensive.

Nous nous souvenons que le meilleur moyen de ranimer les forces décroissantes, de réveiller les vigueurs de l'esprit fatigué, de disperser les nuages des trop sombres soucis, est encore de mettre dans sa vie un peu de ce sel fin de bonne humeur qui entretient la belle santé morale.

J'ai voulu tout simplement poser ma petite salière sur la table de la famille.

A. DUVAL.

Châlons-sur-Vesle (Marne),

En villégiature.

15 septembre 1911.

TABLE

REIMS

IMPRIMERIE LUCIEN MONCE

71, RUE CHANZY

9 782014 036565